10年後你是有錢人嗎？

目錄

第二章

當經濟週期還處在衰退階段的時候，當電視、新聞等媒體還在大肆報導「經濟還會更差」等新聞的時候，真正的經濟谷底有可能已經走過了，開始準備觸底反彈。

第三章

大錢的流向決定小錢的流向……101

錢的流向發生變化時，隨之而來會發生一系列的變化；看清變化的方向，跟隨流向，就可以找到賺錢的機會。

第四章

匯率是相對價值的概念，弄懂了這個概念，就會明白匯率的每一輪起伏，都可能是一次賺錢的機會。這同樣需要更加清晰的投資大局觀念。

第五章

政府也有無法戰勝的對手，那就是「市場」。市場經濟越發達、全球化越深入，市場的作用就越大，政府調整市場的力量也就越弱。因此，政府想要改變市場流向的政策很有可能失敗。

第六章

危機其實正是機會，當人們恐懼、害怕的時候，機會就在那裡。英雄才能配美人，跟別人走不同的路才能獲得財富。

第七章

讀完這一本書，對經濟局勢有了更深一層的認識，這一次躍升將全然改變你的投資視角，跟隨經濟規律，跟隨資金的流向，輕鬆順應趨勢，獲得財富。而陪伴著你走過人生低潮的家人更是值得一生珍惜的寶貴財富。

前言

讓我們一起走在財富增長的道路上

這本書寫得讓我很滿意。可能某些朋友覺得我這是自得其樂，不過這實在是令人高興的書，令人無怨無悔。

四年前寫了一本書叫《不用擔心錢的老後——今天就要學的生涯理財》，在那之後，就一直想再寫一本書，以此來分享我作為PB（Personal Banker的簡稱，即個人理財顧問，以下同。）所累積下來的知識和經驗，同時也想替那本書加上點人情味。如今，這個夢想終於實現了！這本書是以這些年經濟結構快速變化的時期為背景，將投資上所需要的經濟知識以小說的方式敘述而成。

從一九九七年IMF（International Monetary Fund的簡稱，即國際貨幣基金組織）外匯危機開始，到前一陣子的全球金融風暴與歐債危機為止，過去數年間是一個不斷變化的過程，許多國家從破產邊緣起死回生，接著又面臨了「外匯危機論」的懷疑，總之，這段時間內發生了諸多變化，而其中最具戲劇性的變化，應該算是對於個人投資者的改變。

經歷過國家層級上的金融危機後，針對個人而言，逐漸產生了「經濟上的生存危機」，居高不下的青年失業率、企業合併重整、提前退休、不斷高漲的教育學費和只漲不跌的房價，以及嚴重的養老問題，面對種種困境，我們每個人都是怎麼思考我們的未來的呢？

——「我有可能在一瞬間破產！」這就叫做危機意識，或說是生存本能吧。所以，在過去的幾年間，為了在經濟的大環境中生存下來，「成為富翁」的想法變成風靡世界的思潮。

不過話說回來，在經濟的大環境中，除了危機外，投資機會其實也非常多，債券、股票、房地產、基金、期貨等，許多的資產價格上漲了幾倍，這在過去幾年間不斷上演著——但很遺憾，個人投資者卻沒能從中分享到甜美的果實。為什麼呢？

答案就在這句投資格言裡：「不要找股票，而是要找時機。」

很多個人投資者認為，能找到一支未來看漲的股票（或其他資產）就是成功的祕訣，所以，他們熱衷於學習各種稀奇古怪的方法，目的只有一個：尋找能漲價的商品。也因此，這些人只要聽到「會漲」，他們不管標的是股票、房地產、債券、基金、期貨還是其他什麼的，全部一頭熱的栽進去，根本不看投資對象；但是，錢這東西可不是你胡亂用了就一定能再賺回來的，即使是好的投資標的，也不一定百分之百能賺錢——當股市暴跌時用績優股來獲利，通常會比當股市暴漲時藉由一般股票來獲利來得難，難上好幾倍，好幾十倍——簡單的說，我們應該跟「有錢人」一樣，把焦點集中在「尋找時機」上，這才是正確的作法。

要想獲得成功，就要找到合適的時機，而不是只想找到一個好標的。找時機的意思其實就是說：不要在市場上逆流而上，而應該要「順應潮流」；不是你想賺錢的時候投資，而是在有賺錢的機會時投資。為此，你必須要先能看懂市場的流向，而這也只有在搞懂「經濟」以後才可能做得到，然後才能看清楚「經濟的流動」中隱藏的「市場的流動」，也就是「錢的流動」——這個流動能裝滿你的錢包，沒有這個流動，錢包中的每一塊錢都會乾枯，如果沒弄清楚這種流動就貿然跳進理財的圈子，很有可能會被市場吸乾你的錢包。而即便如此，很多投資者仍是在不清楚經濟狀況的情形下就開始投資，「聽消息買，看新聞賣」，只不過，單是看看經濟新聞就會管用嗎？答案是「不一定」。

所以我寫了這本書，藉由回顧我們過去幾年間的投資經驗，通過分析我們過去沒有抓住、或沒能好好利用的機會，來提昇我們對於經濟的知識，以此來防止我們再度犯下過去所犯的錯誤，走向更成功的未來。

這本書摒棄了那些複雜、沉悶的經濟學理論，轉而分析現在馬上就能用於實戰的、生動的經濟知識——我可不想用那些沉悶的經濟學理論讓讀者們消化不良——另外，我更進一步的，借用了小說的形式來書寫，這麼做有助於讓讀者們對經濟學知識更感興趣，而且還能生動地去感受它，學會用經濟學原理來理解和分析這個世界。

讀完本書，雖然不一定能因此完整地理解經濟學知識的全貌，但至少能讓人明白：「原來經濟學知識是這麼應用的。」、「『經濟』對投資原來是這麼重要呀！」等道理。如果讀者朋友們能夠藉由這本書學習到獨立分析，並能開始預測經濟形勢的走向，就沒有比這更令我開心的事了。

寫這本書的時候，我沒奢望能因此讓每位讀者們變成富翁；不過我倒是相信，通過這本書將能幫助讀者們走上光明的財富之路——這本書裡頭沒有寫那些成為富翁的祕訣，你也不會因為讀了這本書就成為一百分的理財專家；但至少在讀完這本書後，你能找到一條路，讓你能夠在理財之路上降低失敗的機率，也能因此更早實現你的經濟目標。

透過本書，讀者能夠看到市場的流動，找出更好的時機，培養果斷投資的眼光；而當然，在投資理財這一領域裡本來就沒有「完美的答案」，市場總是在變化，所以我們也要跟著市場變化來實現自身的進化。這個任務就留給讀者朋友們自己吧。

最後，讓我來談一點更重要的事。

我們經常執著於「錢」這個目標，但它實際上只是個手段而已，我們經常會因為它而迷失，甚至失去「家人」這個真正的人生目標。那些目標定得很高的人，或是那些想挽回失敗的人，他們往往特別容易被錢束縛，過著不盡如人意的生活；而他們甚至會因為對未來缺乏信心，進而疏忽了對家人應該付出的愛。

無論我們的理財是成功，還是失敗，對家人來說，那同樣都是一段重要的時期。看看家裡正在長大的孩子吧，家人遠比金錢更重要。有時候，投資失敗會讓你多繞很多路，害你必須多費許多周折才能走完原本輕鬆的道路；但是請你不要忘記，不論你走哪一條路，你一直是和你的家人一起走過的。錢可以再賺，但時間無法回頭。當你失去了家人，賺那麼多錢又有什麼用呢？

這本書的出版得到了很多人的幫助。首先感謝韓國 SC 第一銀行的 PB 顧客們，感謝尹中在常務以及韓國 SC 第一銀行的同僚們。正是與他們的交流與談話，成為了本書的基礎。還有，向 **Dasan Books** 的金善植代表及工作人員表示感謝。

還有向我的老婆熙貞——一直以來都在我的身邊陪伴著我、要與我白頭偕老、與我永遠相愛的人生伴侶；我的兒子民錫——讓我感到自豪的、我人生中最好的禮物和最有效的疲勞恢復藥；還有上天賜給我的又一個祝福——女兒藝芝，表示感謝。今天我的人生中所有的源頭都來自於父母，他們對我付出了全部卻依然覺得不夠多，我謹向我的父母獻上我對他們的愛和尊敬。

最後我虔誠地向上帝表示感謝，他賜給了我智慧和能力，幫助我寫出了這本書。

崔東熙

楔子

迎向更美好的下一個十年

「老公，這個盒子你幫我拿下來，太重了。」

老婆指著一個櫃子上面的盒子，盒子上什麼也沒有貼，不知道裡面裝的是什麼。金曉陽伸手把盒子拿了下來，輕輕地掂量了一下。就像老婆說的，對她來說確實有點兒沉。好像裡面是裝了一些書籍吧。

金曉陽慢慢撕開上面的膠帶，聽到了一陣刺耳的撕裂聲。從小縫中可以看出來，那裡面放著密密麻麻的書。他看到的第一本書，名叫《××× 圖表入門》。那一瞬間，金曉陽立刻明白裡面都裝了些什麼書，也明白了這個盒子對自己代表的意義。一陣心酸的回憶油然而生。這個盒子讓他回憶起太多太多，那一段墜進懸崖的人生……

金曉陽打開了盒子。就像他猜想的一樣，裡面全是與炒股相關的書籍。十年前，金曉陽開始準備進入股市廝殺一番。那個時候作為準備功課而讀的書，就是在這個盒子裡面的書。

「這盒子裡面都是什麼呀？」

「嗯……以前我看過的書……」

金曉陽不想讓老婆回憶起以前那段辛苦難挨的日子，一點兒也不想。他把盒子合上，抱到門口去了。門口有很多紙箱整齊地堆放在一起。他就把這個盒子放在那堆紙箱上面，再用一張廢舊報紙蓋住。他不想讓老婆看到這個盒子。

金曉陽全家下週就要搬到別的地方去了。現在住的房子是一房一廳的半地下小房子，馬上要搬去一個三十二坪（一坪約等於三．三平方公尺）的大房子了。當年為了償還股債，變賣了原來那個二十六坪的房子，到今天正好過了七年。所以今天他們一家在整理家當，把那些沒用的東西都處理掉；實際上，既然是要搬到更大的房子去，現在的行李和家當完全可以全部搬進新房子裡，不過呢，對於金曉陽本人以及他的妻子來說，整理老房子的行李，處理掉沒用的東西，有著某種特別的意義。某種澈底告別過去日子的意思吧，那段難挨、痛苦又疲憊的日子。

金曉陽搬到半地下小房子的時候也沒捨得扔掉這些股票入門書，搬家過來以後從來沒有拿出來再看過。這個盒子放在家裡的角落，在歲月的流逝中漸漸被遺忘了，新堆上的紙箱慢慢掩埋掉了這個被遺忘的盒子。怎麼說呢，這個箱子裡或許藏著他們一定要搬回大房子的美好願景吧。它靜靜地裝著他們的願望，等待著新的一天。這時老婆把其他紙箱抱出來，對金曉陽說道：

「我去把這些都扔掉再回來。」

「嗯，小心點啊！」

老婆把那些堆在門口的紙箱一個一個地搬到資源回收處，那個裝滿股票入門書的盒子被排到了最後。金曉陽是有意這麼做的。趁老婆出去的時候，他再一次打開這個盒子，明明是以前看過的，而且還是熟讀過的書，可是現在怎麼覺得這麼生疏，彷彿是第一次看見它們一樣。《股價走勢圖表入門》、《實戰炒股入門》、《怎樣看股價走勢圖入門》、《讓你輕鬆學會股價走勢圖》……還有經濟學相關的其他書籍、理財相關書籍、投資理論相關的書籍，等等。不過大部分還是那些「走勢分析」的相關書籍。金曉陽隨手拿起一本《實戰炒股走勢圖》，書的紙張已經泛黃，頁面的邊角因為濕氣已經全部捲起來了，金曉陽小心翼翼地翻開了那本書，書頁上有各式各樣的顏色畫出的底線、重點、星號、驚嘆號，有些還是用顯眼的紅筆來標注的，空白處還到處寫滿了自己寫的筆記。

五月二十日，移動平均線交易移動平均線PH，Cross，走勢逆轉

交易劇增，交易量／移平正排列初期，股價上升↓漲停股

漲停股！金曉陽心裡震了一下。以前有段時間專門追著漲停股，追來追去。那段時間痛苦的記憶又回來了。

算了，不回憶了。金曉陽把書放進了原來的盒子裡。這時他在盒子的角落發現了一個小小的日記本。這是一本二〇〇一年的日記本，裡面大部分都是記載與投資相關的筆記，詳細地記著有關各個股票的詳細資訊、主要買賣內容、各種新聞報導等等，有的頁碼上還寫著他發現的投資原則和那時候下的決心等。金曉陽就這樣隨便瀏覽了一下那本日記本。在他準備扔進盒子裡的一瞬間，在日記本的最後一頁他發現了一則日記。不，不是日記，是信。金曉陽自己寫給自己的信：

曉陽，新年快樂。
又過去了一年，你也迎來你三十三歲的人生。
該祝賀你了吧……

這一年你吃了不少苦吧？我都知道。
你自己一個人傷了多少心，有多麼討厭自己，多麼後悔剛剛過去的日子，
甚至不止一次想過輕生……

曉陽，我知道你現在經濟上很困難，
也沒有個人能陪你談談心事……
不過請你不要放棄，你一定能做好的，
現在雖然虧了錢，但你還有家人這個最重要的財產。

金錢能換來家人嗎？
最重要的財產依然留在你身邊，
即使你辛苦、難熬，也要想想你的家人。
她不知道你的情況，
說不定還需要跟你一起吃苦呢，

能對她好的時候多對她好。

小草現在正是性格逐漸成形的時候，

還在學習家人的意義，

現在是很重要的時候……儘量別對他發火，多用笑臉面對他吧。

加油！

錢包空空，就努力讓你的心靈快樂吧。

然後，在新的一年多用心公司的工作，

不要再因為投資搞亂了你的人生……

投資只是你人生的一部分，絕不是人生的全部，

一定要銘記。

不過你還是要繼續投資的吧，

還有很多老婆不知道的債要還呢……

可是，要是無力回天就絕不要再借錢欠債了，

絕對不要……否則最後會負債累累，永遠走不出來。

打起精神，重拾信心，忠於人生吧。

一定會有出路的……

還有剩下的*600萬元，千萬要好好投資，

把它當成你的生命一樣珍惜吧。你知道用這些錢能給家人帶來多少保障。

曉陽，千萬不要放棄，要是你倒下了那家人們怎麼辦？

新年會時來運轉的，會風調雨順的。

用積極的心態，面向未來！

曉陽，加油！

金曉陽癱坐在地板上。

人生中最痛苦艱難的時候，最絕望的時候，好幾次想過自殺的時候，炒股失敗、陷進債務泥沼無法擺脫的時候，自己都覺得自己很可憐的時候，找不到任何人談心、自己一個人傷心的時候，那段充滿淚水和痛苦的歲月……

---

* 本書所用大部分幣值皆以韓元（KRW）為主，韓元兌台幣約1：0.25左右。

CHATPER 1

第一章

人生不是賭局，看清贏面最重要

心態放輕鬆！投資理財其實是一場機率遊戲。選市不選股，看清整個市場大環境比挑選優良投資標的重要。更重要的是，要找出恰當的時機，也就是判斷該什麼時候入市決戰。

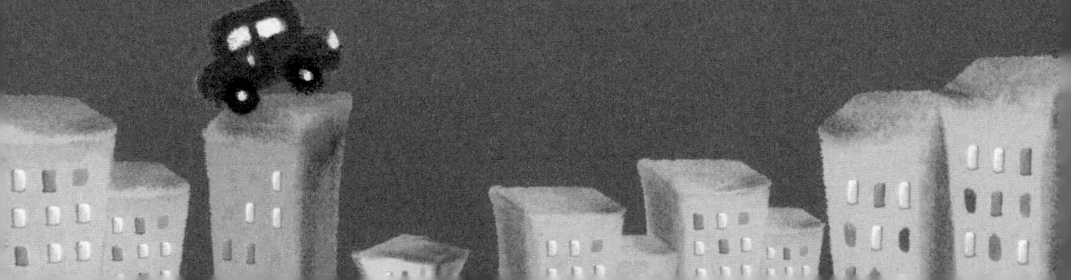

對金曉陽來說，這一年是地獄般的一年。在貪婪的沼澤裡，他迷失了自己，一個人和一個家庭就這麼輕易地掉進了萬丈深淵。與崔大友的結識，彷彿是上帝為他打開了另一扇窗，讓他明白了之前自己在投資領域裡的觀念是錯誤的。當你失去財富時，或許，家人的信任與不離不棄才是最大的財富。

金曉陽的炒股生涯是從一九九六年開始工作的時候就開始了，在工作前，金曉陽做了一些兼職，存了400萬韓元，以此作為投資啟動金。一開始的時候也沒想過要藉由炒股來賺大錢，只是想累積點經驗，當做消遣、賺點零用錢吧。不知道是他的運氣好還是真的有實力，炒股炒了一年居然賺了不少錢，遠遠超過了存在銀行的利息；可因為第二年著急要結婚，沒辦法，於是便把所有的股票都賣掉了。

老婆是三姐妹中最小的一個。姐姐們都已經結了婚，獨立出去，只有老婆還和丈母娘兩人一起生活。一九九七年初，丈母娘在醫院體檢的時候檢查出來是癌症末期，於是我們趁她還在世的時候，趕緊舉辦了婚禮。

危機之中的生存策略

不知道是幸運還是不幸，金曉陽賣掉股票以後，同年十一月，韓國也被亞洲金融風暴的巨浪給吞噬掉了。韓國在IMF（International Monetary Fund，國際貨幣基金組織）的監督下，接受了IMF的經濟改革條款，因此這場經濟危機被稱作IMF危機。韓國政府向IMF申請救濟，這個新聞立刻在市場傳開，同時，「國家破產」等生疏的辭彙陸陸續續地、頻繁地出現在各種新聞上。之前沒有認真經營的韓國企業，出現了骨牌效應一樣的連續倒閉潮，即使是大企業，也因為資金鏈斷裂承受不住還款壓力，出現了倒閉潮。大部分的綜合金融公司被迫關門，五個大型銀行被執行了P&A（Purchase and Assumption，購買和接管）。

連日來，韓國經濟結構調整的相關新聞暴雨般地砸往各個媒體的大部分版面上。瞬間丟掉工作的人們因為還不起房貸，居然到了無家可歸露宿街頭的地步。股價指數從700點一瀉千里，瞬間跌到350點附近。韓元兌美元的匯率暴跌，到了2000韓元兌換1美元（之前是1000韓元兌1美元）。市場利率也飆漲，個人、企業都出現破產潮;物價飆漲,住宅價格卻暴跌。

一句話,韓國經濟就是在一個伸手不見五指的漆黑暗夜裡,感覺連一線希望都沒有了。各個媒體整日報導著令人鬱悶的新聞,讓人人心惶惶。IMF危機改變了一切的一切。

金曉陽就職的韓國電子株式會社也沒有倖免於難。金融市場開始緊縮,公司面臨嚴酷的資金困境。公司首先推出的政策是削減全體員工和管理階層的薪水,但是也撐不住壓力,公司面臨的危機還是越來越嚴重;沒有辦法,公司最終施行了調整與解雇的政策,有的部門更因為公司要退出其負責的事業領域,所以整個部門都被砍掉。金曉陽所屬的國內營業部也無法避免幾位同仁的犧牲。公司整體氣氛亂哄哄的,眼看著同事離開公司,卻也沒多少時間能給他們送行,因為除了悲傷,還有更重要的事情在等著那些留下來的人們——「生存」。不管怎麼樣,一定要把公司救回來,每個人都在咬牙堅持;可是另一方面,大家還是害怕企業重組會繼續下去,還會有下一次和再下一次,使得他們對終身雇用制的信賴瞬間崩潰。

世界上沒有好賺的錢

一九九八年六月，韓國綜合股價指數（Korea Composite Stock Price Index，以下簡稱 KOSPI）終於跌破了300點。投資者們對這個無底洞澈底絕望了。媒體上連日報導投資者自殺、空帳戶暴增等新聞。在這種絕望的氣氛下，金曉陽認為現在就是低價買進股票的絕佳機會；可惜，因為遲遲沒能下決心，也就沒有做出實際行動，再加上老婆不喜歡金曉陽炒股，而那時候又要以工作為重，所以最後就這樣忙忙碌碌地度過了一九九八年夏天。

進入秋天後，匯率和利率快速下跌，金融市場重新趨於穩定。股市開始有些停止跌勢、重新恢復的勢頭。到九月以後，一直徘徊在300點的 KOSPI 開始慢慢上漲，十二月的時候重新回到了500點。尤其是證券市場有兩股開始飆漲，從谷底價漲了數倍甚至數十倍。在隨後個人投資者們密切的關注與跟進下，韓國股市開始越來越熱絡。

金曉陽看著頻頻出現飆漲、漲停的股市新聞後，心裡越來越著急，他後悔當初沒有趁機投資股票而心痛不已，每次看財經新聞的時候，心裡都煩躁不安。雖然金曉陽從沒跟老婆正式商量要開始炒股，但是老婆已然斬釘截鐵地否定了這個想法，她的理由很簡單：世界上沒有好賺的錢。

邁出第一步：錢滾錢的誘惑

金曉陽重新開始投資股市是從一九九九年開始的，那是個「.com」風潮和「Buy Korea（大量收購韓國股票）」熱潮風起雲湧的時間點。

一九九九年開始，在KOSDAQ市場（韓國的創業板市場，又稱「科斯達克」市場）上只要是被分類為網路股的股票都輪番飆漲；另外，由於當時有研究報告指出韓國股市的市值總額還沒有美國或日本的某一大型企業那麼多，導致韓國人的民族自尊心受到刺激，基金公司正好抓住這個機會，打出了一支非常激動人心的廣告——在太極旗（韓國國旗）飄揚的畫面上打上「Buy Korea！」的字樣——刺激人們在愛國心的驅使下購買韓國的網路概念股。就這樣，韓國又一次陷入了炒股熱潮。

當時金曉陽也不顧老婆的反對，開始認真學習炒股。由於金曉陽是經管學系畢業的，他對自己讀財務報表的能力還是有點自信的，於是，金曉陽將主力放在學習技術圖表型的炒股方法。讀著與圖表相關的書籍，就好像是一個新的天地在眼前豁然開朗。金曉陽慢慢有了自信心——只要有了一小筆本金，馬上就能把它變成好幾倍的鉅額利潤。

在金曉陽學習炒股的這段時間，股價也在慢慢地爬升。

進入初夏後，KOSPI 突破了 800 點，KOSDAQ 市場上頻繁出現上漲了好幾十倍的股票。炒股又一次成為了大街小巷的熱門話題，「成功神話」就像雨後春筍般連續出現，甚至晚上想臨時找個地方和朋友們聚一聚也找不到，因為所有的地方都被聚在一起交流炒經驗的人占滿了。

老婆看到金曉陽每天都瘋狂地學習炒股，就明白自己已經無力阻止金曉陽去炒股了；最後，老婆拿出了 500 萬韓元給金曉陽，附帶著一句話：「既然想做，就做好一點兒吧……」

一開始，金曉陽只投資大型的績優股，因為他還記得一兩年前韓國的金融危機

——真露、新科、起亞汽車等大型財閥集團都轟然倒塌；而且，金曉陽實在也受不了那些網路概念股，那些連營業額都沒多少的企業就因為公司名字上有個「.com」就漲了好幾倍乃至好幾十倍，完全不符合他學習過的那些理論知識。不過呢，金曉陽也是在這個時候才知道韓國還有KOSDAQ市場。

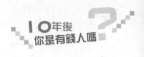

第一隻買入的股票是三星電子，金曉陽在這支股票上賺了一點錢，他的第一步還算滿成功的。不過相較之下，KOSDAQ市場則有很多股票每天或者連續好幾天達到漲停板，沒過幾天就又漲了好幾倍甚至是好幾十倍，不僅在電視新聞上常常看到這些消息，只要有人的地方也都在討論KOSDAQ的故事，這種氣氛使得整個社會的風氣開始浮躁了起來，韓國的人們已經開始忘記他們前兩年所經歷過的金融危機了。

不知不覺間，大家都理所當然地認為在KOSDAQ上投資就一定能獲得數倍甚至是數十倍的利潤，大家都在拼命尋找飆漲股。而金曉陽也逐漸覺得，績優股雖然可達到10%至20%的收益率，但已無法讓他感到滿足。最後，他還是決定跟上這個時代的潮流。

到那年冬天為止，KOSDAQ 市場出現了幾次大的調整，原本已開始飆漲的股票開始迅速回調，同時 SeaRom 技術股和 Daum Communication 等新上市的股票接下飆漲股的接力棒，繼續上演飆漲神話。在當時，如果能挑到一支好的股票，就能獲得數十倍的收益率，但要是挑錯了就要虧損一半以上的資金，所以當時最流行的就是短線操作——買入股票後如果看不到這支股票飆漲的徵兆，就立刻賣掉轉移到別的股票上去。

對於金曉陽來說，他大學時學習的財務報表、認真學習過的圖表知識都變成了無用之物，這時候的股價已經被各公司對外宣布的專案計劃書所決定，而這些所謂的專案計劃書都是些可能不會實現的、空洞的吹牛而已。本來是企業的價值決定股價高低，但是當時的情況正好相反——從股價來推算企業的價值有多高。

一九九九年年末，KOSPI 重新突破了 1000 點，並以此結束了這一年度。不到一年半的時間內，KOSPI 上漲了三倍以上；KOSDAQ 指數也是從一年前的 736.7 點漲到了年末的 2566.3 點，上漲了三倍。不過因為每個板塊輪流出現股價暴漲和暴跌的現象，所以這一年的股票投資仍不是那麼容易的。而金曉陽在五個月內獲益了30%，雖然還算不錯，但是看著那些獲益數倍、甚至是數十倍的股票，他的內心就是沒有辦法平靜下來，感覺不到滿足。

當時市場上比較主流的思考方式是一局定輸贏：只要好好找出一支股票，便能透過這一支股票上獲利數十倍，並挽回前面的損失。

金曉陽想，雖然賺得不多，不過至少沒有虧損，還能在老婆面前挺直了腰說話，但如果本金能再多一點的話，那麼收益就一定不只這些。一想到此，他心中就一直覺得很遺憾，最後，金曉陽乾脆瞞著老婆，從銀行貸了500萬韓元！他的如意算盤是：反正將來投資賺了錢再來還貸款就好，假設年收益率是50%的話，應該不需要多少年就能還清了。

在這種幸福的想像裡，金曉陽難以抑制心中的興奮，只想趕快在股票市場裡大展身手；金曉陽最討厭週末了，股市休市的週末只會讓人無聊透頂。

一夕致富只是傳說

不過，金曉陽的美好想像卻沒有持續太久，進入二〇〇〇年以後，真正的考驗即將來臨。股市從年初開始就有些亂糟糟的，一月份暴跌 30% 以上，讓人聯想起股災；二至三月份卻反彈 50% 以上，又給市場的人們燃起了一線希望；不過好景不長，不久後市場又開始暴跌，市場投資者的不安心理開始逐漸擴散。

二〇〇〇年三月份的 KOSDAQ 指數是 2925.5 點，誰都沒有想到，這個數字竟成為今後再也無法逾越的一道屏障；也沒有人預見到，這時的 IT 網路概念股的股價將成為傳說。

股市調整開始後不久，市場投資者們就認為當時正是能夠低價抄底的好機會，金曉陽也是這麼認為；因為前段時間的股價回調，造成他先前獲得的收益都瞬間跌了回去，並且開始蠶食他的本金，所以趁著這個時候，他認為正是買進的機會。他開始運用自己以前學過的所有分析技巧和資訊收集能力，拼命尋找股價反彈的可能。雖然看著股價下跌的確令他不安，但他不斷安慰自己，這回正是「一局定輸贏」的關鍵時刻，只要成功了就能一舉挽回損失；即便隨著股價持續下跌，金曉陽帳戶上剩下的本金越來越少，但他依然認為這是股價調整過度，馬上就會有一場大反彈來臨。

這樣的想法最終促使金曉陽再次從銀行借貸了一筆錢，但這次的貸款卻成為金曉陽日後惡夢的開始——本來金曉陽只是想貸款 1000 萬韓元，但是到簽約時，想法突然變了，他擔心萬一股價反彈的時候沒有抓住機會，豈不是會讓自己後悔一輩子？所以他乾脆貸款了 2000 萬韓元！就這樣，金曉陽把這些錢一點一點的都投進了股市……只是事與願違，KOSDAQ 指數就像是鑽地導彈一樣，各種抵抗線在它面前都毫無作用。KOSDAQ 指數從 3000 點附近回調到了 1000 點附近，在不到兩個月的時間裡，跌去了一半以上的價格。

恐慌開始了。金曉陽持有的股票每天都在報出新低，沒辦法，即便賣掉一隻股票換成另一隻，也是一樣下跌。他的本金從 3000 萬韓元縮水成不到 1000 萬韓元。金曉陽開始著急了，他急於撈回本金，而這樣一來就讓他的操作出現了各種失誤：看一隻股票感覺要上漲了就買進，而且是用槓桿倍率買進本金的兩倍到三倍的股票；兩三天後，看不到上漲就掛牌賣出——如此反覆操作下來，很快便消耗掉了他所剩不多的本金。

失去房子不等於失去一切

恐懼開始蔓延、擴大，金曉陽開始猶豫，是該向老婆說出事情真相呢？還是自己解決？

他不想讓老婆失望，去年她才剛生了兒子小草，更不想讓家人失望。

金曉陽心急如焚，一邊不斷責怪自己判斷失誤，一邊又因為對老婆的愧疚，使得他更急切地想要賺回本金。在這種心態下，金曉陽的日常工作表現也慢慢出現了失誤，在公司裡的人際也因此出了狀況。不管是什麼，現在都必須做點什麼！瞞著老婆，用零用錢負擔貸款利息的做法也已經到了強弩之末，如果想賺回本金，靠他手邊現有的股票是不可能的，因為那必須上漲到六倍以上才能填補他現在的虧損；在經過一番苦思後，他終於又下定了決心，他的結論是：再去貸款，用較大的投資本金來一舉挽回頹勢。事已至此，金曉陽用信用貸款和信用卡貸款再貸了3000 萬韓元。

只是天不遂人願，KOSPI 絲毫沒有反彈的跡象，一直下跌到了年末。而金曉陽的損失也越來越大，就像滾雪球一樣，損失越大，他的債務就越多。當時金曉陽已經達到了貸款上限，所以又從朋友那裡借了很多錢，信用卡預借現金也已經不能再用了，貸款總額和利息負擔都在快速擴大。有好幾回，金曉陽下回家的時候在公交車上掉下了眼淚。債務已經超過了1億韓元。

到了年末，KOSDAQ指數跌到了525.8點，是最高點的五分之一左右。對於金曉陽來說，二〇〇〇年就像是地獄一樣的一年。一個人、一個家庭的人生就這麼輕易地掉進了萬丈深淵之中。

當金曉陽向老婆坦承一切的時候，已經無力回天了。他已經再也不能拆東牆補西牆了，再過兩天就要變成信用不良者。

那是二〇〇一年春天，那天老婆沒有說一句話。第二天，金曉陽下班回家時，發現老婆的兩眼已經哭腫了，應該是哭了一整天吧，地板上散亂著存摺、保險，還有其他各種紙張；吃過晚飯以後，老婆開始說出她的想法，這應該是憋了一整天的吧。然後金曉陽和老婆倆人一起哭了。

老婆最無法接受的，是他們為了還債必須賣掉房子，因為這間房子是老婆的母親、也就是丈母娘在生前留給他們的財產。丈母娘在知道自己的日子所剩無幾時，就要求提前舉行他們倆人的婚禮，然後金曉陽夫妻便開始在丈母娘的這間屋子裡過起夫妻生活。丈母娘在當年冬天去世，根據遺囑，是由金曉陽的老婆繼承了這個房子的所有權，也就是說，這個房子對於老婆來講，有著極其重要、特別的意義。

但現在已經沒有其他的辦法了……

賣掉房子後，夫妻倆用賣房的款項還清了所有的債務，另在偏遠的郊區租下了一間一室一廳的半地下室。這個時候的金曉陽暗暗下了決心：一定要給老婆買一個更大、更好的房子；只是，這又是不知何時才能實現的心願了。

金曉陽在打包搬家的時候把大部分的炒股書籍和用剩下的二〇〇一年日記本放在一起了。這些日記本承載著金曉陽那段痛苦日子的記憶。過去的事情就讓它過去吧，忘掉它，讓自己重新開始。金曉陽慶幸自己向老婆坦白的時間還不算太晚，也打從心底感謝老婆的原諒並重新接受了他。

至於金曉陽當時手頭持有的約合 500 萬韓元的股票，老婆把決定權交給了金曉陽自己，讓他去處理這件事情。

「這段時間曉陽你自己一個人也費了不少心思，至於這筆錢是喝酒喝掉還是繼續炒股炒到一分錢不剩，我是不管了。但是再也不要在我不知道的情況下找別人借錢，更不要找銀行貸款。你要答應我。」這就是老婆對金曉陽的要求。

漲不停的房價

不可以，不可以就這樣放手！

金曉陽決定重新運用以前學習過的投資原則再拚一次。回頭看來，前段時間一直被漲停股沖昏了頭，完全忘了自己以前學過的投資原則。

但是，遵守原則並不是那麼容易的；而且，遵守原則也不一定保證會贏利。用比較基礎性的分析方法——比如運用財務報表分析等方法來選擇一些股票，抑或用圖表分析這種技術層面的方法來操作，金曉陽都嘗試過，但就是無法提高收益。

研究很長時間後才找到一支股票買進來，卻因為市場不好，還是和大盤一起下跌；熬了很久等待反彈，最後實在等不下去了只好忍痛賣掉，但偏偏之後卻又開始慢慢反彈起來；於是殺回來買進了，卻又開始掉下去……即便換一支股票也是如此，一直在重複同樣的循環。眼看市場上好像其他的股票都在上漲，但自己買的就是不漲，每次都等到自己受不了、等不下去了割肉賣掉，然後那支股票就開始飆漲。就像是有人在監視金曉陽一樣，存心跟他作對。

再好的股票也無法逃避整個大盤的走勢，而且一旦整個行業走下坡，那麼單支股票也很難有所表現。即使是同樣的股票，也有最佳買賣時機的問題，買的價格如果貴了就沒辦法獲得好的收益。金曉陽小心翼翼地避免重大損失，一點一點地提高了收益率，但是金曉陽也知道，這根本不是因為自己的能力強，而是因為自己運氣還不錯而已。

就像是老婆說的那樣：世界上沒有好賺的錢，也沒有白吃的午餐。當然，炒股賺來的錢絕不是「白吃」或「好賺」的，炒股也需要有天生的才華或者是刻苦的努力才能成功，要是讀了那麼幾本入門書就能成功，那也就不叫炒股，而是撿錢了。金曉陽終於知道了為什麼用炒股賺錢的人那麼少，因為理論和實際是有很大差別的。

理論很簡單明瞭，但是在實戰中要怎麼解釋市場狀況和走勢就見仁見智了。有的人解釋市場會上漲，有的人解釋市場會下跌——這，就是市場——在同等狀況下，在同一種走勢下，對同一個企業的分析和展望，每個評論家都有著各自的看法，甚至每一個投資者都有著自己獨立的想法；同一時間同一地點同一個企業的股票，有人說買入有人卻說賣出，從來就沒有正確的標準答案。

二〇〇二年對於金曉陽來說是鬱悶的一年，這一年金曉陽不但因為股票投資的挫敗而痛苦，同時還產生了新的痛苦——房價上漲。金曉陽他們雖然已經還清了債務，老婆也出去找工作了，照理說，倆人一起工作賺錢的話應該能夠在六七年左右的時間內買到一間新的房子，或至少能買回那間對老婆意義非凡的老房子；可是，房地產市場卻一點也沒有要等他們的意思，金曉陽賣掉的那個二十六坪的老房子開始慢慢漲價了。

房價上漲的速度遠遠超過了他們的存款增長速度。金曉陽和老婆都很焦急，照這樣下去，想把那間老房子買回來是越來越不可能的了……但是他們兩個人誰都沒有先出聲，因為怕說出來後，就真的沒有任何希望了。

上帝關上門卻打開一扇窗

二〇〇九年……

「爸爸～」、「爸爸～」回頭一看，是小草和小芽。小芽是金曉陽全家搬到半地下室的房子後的第二年出生的，而現在，小芽已經在上小學一年級，小草也是國一的學生了。

金曉陽拿起了他的日記本。雖然這段過去是金曉陽一直深埋在心中的回憶，但終究還是無法捨棄它。

「小芽玩得開心嗎？」

「嗯，跟哥哥一起玩球。」

「爸爸，行李都整理好了嗎？」

「沒有，還沒做完呢。你帶著小芽再玩一會吧。」

「知道了。小芽，我們到那邊的公園玩。」

說到搬家，最開心的居然不是老婆，而是孩子們。

尤其是這個兒子——小草。隨著年齡漸長，小草帶朋友們回家來玩的次數也越來越少。「搬到大一點的房子，把朋友們都請過來，在家裡辦一次生日派對」這是小草的小小願望。

「紙盒都扔掉了嗎？手上拿著的是什麼呀？」

「呃……這是我以前用過的日記。不捨得扔掉它。呵呵，我看看書架上還有沒有要扔掉的書。」

金曉陽淡淡地對老婆說了一聲，打開了孩子們的房間。一進門是一個書桌，書桌旁邊就有抽屜，對面有一排書架。書架上大多是孩子們的童書，但是在最左手邊的書架上擺著金曉陽的書。

最上面的架子上放了各種顏色的日記、筆記本和股票相關書籍，在那下面是經濟、經管、未來學相關的書籍。金曉陽把他剛才拿進來的那本日記本插進了最左邊的空隙中，這一排是按年度順序排列的日記，是從搬到這個家的那一年開始算起的。金曉陽拿出了其中的一本。如果說二〇〇一年那本日記的主題是絕望的話，那麼現在拿出來的這本日記應該算是希望的開始吧。

打開日記，慢慢地翻開一頁又一頁，不出所料，裡面密密麻麻地記錄著他和崔大友之間見面談話的詳細內容。

第一次見到崔大友正是二〇〇二年日韓世界盃的時候。那個時候，整個韓國都在狂熱、興奮的氣氛中迎接韓國國家隊和義大利隊之間的十六強晉級賽。

那天，金曉陽和小草兩個人去附近的公園觀看比賽。老婆還懷著小芽，就留在家裡。小草和旁邊坐著的孩子一起玩得很開心，自然而然的，金曉陽也和這個孩子的父親——崔大友坐在了一起。下半場臨近結束前，韓國隊踢進一球追成了平手，在延長賽時，韓國隊打敗了強大的義大利隊，獲得了晉級下一場比賽的資格。這下，整個韓國都沉浸在勝利的喜悅之中，理所當然的，金曉陽和崔大友也乾了一罐又一罐的啤酒，分享著喜悅。兩個人在分別時交換了自己的名片。

從此之後，他們漸漸的熟絡了起來，常常碰面。崔大友是世界銀行的 PB（Personal Banker，個人理財顧問），因為崔大友的年齡比金曉陽大兩歲，所以金曉陽管崔大友叫「崔哥」。後來金曉陽才知道，原來崔大友這個人是業界裡小有名氣的明星，他拿手的業務就是「投資」，而金曉陽當時最關心的事也是「投資」，於

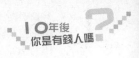

是兩個人的對話內容自然就往那方面發展了。

昨天和崔哥一起吃了晚飯。他要調到江南區PB中心了。

投資是機率遊戲。

經濟、金融指標，比挑出好股票更重要，知識的應用比學習知識更重要。

——期待下次再見！

這是二〇〇二年日記裡的第一篇日記。金曉陽慢慢地回想起那時候的事情，那年的投資並沒有太大的損失，但是收益非常低，根本沒有達到他預期的要求，而且上下波動非常劇烈；金曉陽越來越感覺到自己的投資技術有不可逾越的瓶頸，深切地希望能儘快掌握住一套炒股技巧，保證自己能在任何情況下保持贏利。

頂級理財大師的第一個教誨：投資看的不是眼光，是贏面

那天金曉陽和崔大友正在一起吃飯，金曉陽突然對崔大友說出了他的心事，表達了自己對投資的強烈不安。

「小金的意思是，你很難找出一支不錯的股票？」

「是啊，每次都很苦惱該選擇哪一支股票。」

「哦……你是說，挑出一支好的股票就能贏利，但是這種好股票不好挑，是這個意思嗎？」

「是啊，看似很簡單，但實際上真的覺得很難。」

「這倒讓我想起了以前的自己……我以前開始做PB的時候，也有一段時期真的感覺很累。那個時候我也像小金一樣，覺得只要找出不錯的基金就能跑贏市場，所以就拼了命的研究要怎麼才能選出好的基金，努力想持有那種所謂的好基金。但是沒想到越來越行不通。到底是哪裡出了問題呢？」

「……是啊。」

「其實呢，我們的假設一開始就是錯的。我們假設只要自己能找出好的股票或者是基金就一定能夠跑贏市場，但是這個想法就像是我們從正面上對抗市場走勢一樣，是否定了『市場和資金的流動是自然發生的過程』這樣一個事實。只要挑出好的基金就能戰勝市場，這是一個多麼大的錯誤呀！我也是後來才知道的。」

金曉陽靜靜地等待著崔大友說出下一句話。

「我不是說沒有必要下工夫去找好的公司、好的股票，而是說，還有更重要的事情等著我們去做。那就是等待和選擇時機。你選擇股票前是不是要先瞭解市場呢？如果對於投資要有獨特的、獨立的原則，而且在選擇績優股的時候也要求每個人要有獨立的觀點，那麼為什麼不能要求每個人在觀察市場的時候也要有獨立的視角呢？」

「崔哥說的話好像挺對的，但是有點些摸不著頭緒啊。」

「你就把投資當成是機率遊戲。投資就是你承擔風險，並以此為代價獲得收益。風險是指收益的不確定性或者是變動性；也就是說，在投資這個領域裡不存在『確定的收益』，如果收益都能確定下來，那就不算是投資了。我們不是『挑選價格上漲的資產』，更準確地說，是在『挑選價格上漲機率較高的資產』。我們在進行投資的時候，不是要選擇好的股票嗎？這其實可以看成是我們在選擇一個上漲可能性較大的股票，減少虧本的可能性。你同意這一點吧？」

「是的。投資是機率遊戲，這種說法挺有意思呢。我從沒這麼想過，但是我覺得這是正確的觀點。」

「所以，這一點很重要——我們要在挑選『上漲可能性較大』的這一點上決勝負，這樣才能保證在市場上獲得勝利。這一點和選擇一支好的股票是同樣的重要，甚至比它更重要。而根據市場的狀況，我們獲勝的機率忽高忽低，想想看，如果從現在開始市場狀況一直不好，那麼市場中下跌的股票肯定比上漲的股票多吧？例如，股市大盤下跌的時候十支股票中有八支在下跌，只有兩支股票會上漲，那麼我們選擇正確的股票，也就是選到上漲的那一支的機率是20%。相反，市場狀況變好後，上漲的股票是八支，而下跌的股票是兩支，這時你選擇正確股票的機率一下子就變成了80%。同樣的市場，不同的時期，會給你帶來不同的獲勝機率。聰明的投資者應該怎麼做呢？當然是在獲勝機率為80%的時候進行投資啊！不過，你說說看，如果獲勝機率在20%的話，也就是說失敗機率在80%的時候，應該怎麼辦呢？」

「當然是不進行投資了吧。」

「只有20%的獲勝機率時，只要你沒把握獲得非常高的回報率，那麼不要進行投資確實比較好。如果一個人總是去玩失敗機率在80%的遊戲，那麼其結果是非常顯而易見的，偶爾或許還能獲勝個一次兩次，但如果這個遊戲反覆進行下去，最後還是會輸得很慘。」

「應該是那樣吧。」

「但是很多投資者都有一種奇怪的想法，他們覺得，即使是在獲勝機率為20%的時候也要獲勝才行，不管市場狀況如何都能獲勝的人才是真正會投資的人——這就是他們的錯誤認知。這就像是你在扔硬幣的時候，希望它每次都會出現同一面一樣，毫無科學根據，也絕對不可能實現。不管多好的股票，都不可能脫離市場的大環境而特立獨行。總是無視市場的大環境，就會經常做出割肉甩賣的操作，毛毛雨雖小，卻會讓人濕透，最終賠光了本金。有進攻的時候，就要有後退的時候……」

「是啊，休息也算一種投資吧。」

「對！這個描述挺不錯的。你也可以這麼想：股市下跌的時候，不管是好的股票還是差的股票，大部分都會下跌；反之，在股市上漲的時候，不管是好的股票還是差的股票，大部分都在上漲。與其在股市下跌的時候辛辛苦苦找出一支好股票投資，還不如在股市上漲的時候隨便找一隻差不多的股票投資。後者的獲勝機率肯定比前者高吧。總而言之呢，看整個市場環境比挑選好的股票更重要。」

「崔哥的話我明白了。也就是說不管我找出的股票有多好，買入之前一定要先看看現在是不是買入的好時機，要先看看當下的獲勝機率是高還是低。這麼看來，我一直都為只要挑對股票就不用擔心別的問題，就一定會獲益——這種錯誤的投資觀念就是問題的根本啊！難怪偶爾一次兩次的局部獲益，也無法挽回整體的虧損呢。」

「對。只在乎挑選好的股票而疏忽大的市場環境，這就是散戶們總是虧錢的原因之一。」

金曉陽仔細地回想了一下崔大友的話。投資是機率遊戲。既然這樣，在獲勝機率高的時候把資金押在獲勝機率高的那一側就能獲勝。這才是正確的投資觀念。

在投資領域，簡單的經濟學知識已經夠用

「但是崔哥，您剛才說每個人都要有自己看待市場的獨特視角，這點我明白了。可是為了正確地瞭解市場，應該怎麼做呢？」

「當然是要對經濟和金融現象有比較深入地理解吧。買股票也就是買企業的股票，也就是投資了那家企業的收益；而企業在哪裡營運，在哪裡創造收益呢？那就是在經濟體系內進行他們的企業營運。企業絕不可能游離於經濟環境之外，所以企業在什麼樣的經濟、金融環境下進行營運，這一點非常重要。連這都不去調查，而直接去選擇股票，是本末倒置的做法。」

金曉陽輕輕地點了一下頭表示同意。

「瞭解市場，發現市場的走勢，也就是觀察經濟的走勢，並以此為基礎來判斷什麼時候是獲勝機率較高的時候。就像股市中存在上升週期和下跌週期，有買入的時機和賣出的時機，經濟走勢也會有一定的週期。經濟和金融指標的分析方法有點些類似於股價走勢分析。股價走勢是由很多人的心理和行動的結果所共同形成的模式和現象，經濟現象也是一樣。因此，我認為讀取經濟狀況走勢是某種『找出規律』的工作。」

「找出……規律？」

「對……我們來假設一下。經濟不好↓為了救活經濟，政府和中央銀行下調利率↓經濟開始恢復，物價上升↓為了抑制經濟過熱和通貨膨脹，政府和中央銀行上調利率↓經濟開始走下坡↓再次下調利率……這種循環模式可以說是一種發展規律吧？」

「哦……」

「當然了，經濟走勢並不會像我說的這樣簡單明瞭，讓人一看就懂。就像股價的影響因素有很多一樣，對經濟走勢產生影響的因素也非常多，諸如政府政策、利率、匯率、物價、國際收支等等，對於這些因素的走勢、動向應該如何作出解釋呢？其實是沒有標準答案的。但是反覆出現的經濟發展模式對於我們理解經濟走勢是很有幫助的，你越是能嫺熟地運用過去的知識與經驗，那麼你理解經濟的幅度、深度和速度就會越高；如果你能正確判斷出市場走勢，那麼就可以抓住成功的機會而避開失敗的時刻，進而從小盈大虧的泥淖中走出來，實現小虧大盈的可能。」

「哦！看來我得重新學習經濟學了。話說我上大學的時候輔修了經濟學，但是自從大學畢業以後基本上都沒有好好複習過經濟學知識……頂多也就是看看新聞報紙的經濟財經版吧。」

「其實誰都一樣，呵呵。現在也不晚，好好複習一下以前學過的知識吧。」

「但是崔哥……我得學到什麼程度才算合格呢？你覺得我大學時學到的那些知識是不是有點不夠啊？」

「哎呀，這個嘛……當然，知識水準越高對你的幫助肯定也會越大，不過呢，如果是為了要讓你的投資獲得成功，那倒不需要多高水準的專業知識；實際上，最重要的不是知識水準的高低，而是看你如何有效地、靈活地運用你學到的知識。人們在投資上失敗的原因，往往不是因為他們不了解投資的原則或是不懂書本上的知識，『找出好的股票和基金，長期、分散地進行投資。』這些原則誰都知道，但是很多人都無法堅守這些原則。也就是說，並不是投資原則太難了才會導致他們失敗，而是他們沒有堅守這些原則才會讓他們失敗的。」

「對啊，崔哥，對於散戶來說，要堅持這些原則實在是太難了，簡直就是一種負擔。貪婪會慢慢占據我們的內心……內心的掙扎其實也是很累人的。」金曉陽有點兒調皮地接過了崔大友的話。

「對經濟和金融指數的理解也是一樣的。就拿我來說吧。我雖然在做PB工作，但實際上我運用的並不是什麼高深莫測的知識；根據我的經驗來看，與其學習新的技巧，還不如把我們所學到的知識運用到投資上去，知道和運用完全是兩碼事。小金你也應該知道，我們國家的教育從傳統上就是以背誦為主的方式，背得好不好就決定你上哪間學校、進哪家公司；所以，我們一直是更在乎死記硬背而不是想著怎麼去運用我們所學到的知識。在大學不也是一樣嗎？討論式、案例分析式的授課方式很少，大多還是老師口頭講述的課堂陳述為主。所以，大部分人雖然知道很多知識，但卻不會運用那些知識，他們只學會了怎樣把知識裝進腦袋裡，卻沒有學會怎樣去運用它們。」

「對啊，我在上班的時候好像也很少用到大學時學過的知識。剛開始上班的時候，基本上每天都會被前輩們找麻煩，他們那時候說得最多的話就是：『你上學的時候到底都學了些什麼了……』。」

「嗯，話又說回來，投資和理財相關的知識也是一樣的。在我看來，以我們的資訊和知識水準，基本都已經達到了投資和理財所需要的基礎實力。從今以後，小金你應該要更注重如何運用已經學會的知識，在你想要把新的知識裝進大腦之前，反覆練習你現在已經學會的知識，把它們運用到投資中去；不能學以致用的話，學它又有什麼用呢。最重要的不是有沒有知識，雖然這也很重要，但真正的關鍵是看你能不能運用它。」

「我們要學的知識，基本上都已經學過了，只是還沒學會如何去運用它們。」金曉陽又一次調皮地說道。這次他還把雙手和下巴舉得很高，就像是中世紀歐洲的騎士在宣讀某個重要文件一樣。

那天回家的路上，金曉陽想了很多很多。回想起來，炒股失敗的人裡頭，基本上沒有幾個人對經濟的大走勢有所瞭解，雖然對於選哪支股票能說的頭頭是道，但是對經濟環境卻沒有多少見解；甚至那些所謂的投資專家們，雖然飽讀相關的炒股書籍，對技術分析和財務報表分析都有一家之見，但是也沒有幾個會對經濟環境加以重視，最後難免也可能走向失敗。他們失敗的原因，就是只注重「選擇股票」而沒有注意到另一個關鍵因素──「經濟因素」。所以即使他們能夠挑出好的股票，卻不知道什麼時候入市才最好。

重新回顧自己的過去，金曉陽發覺自己也曾經是那樣的，對市場走勢缺乏瞭解和認識，導致該買的時候不買，該賣的時候沒賣。市場的走勢說白了也就是經濟的走勢，所以當市場上發生了經濟和金融事件時，我是怎麼應對的呢？我有沒有自己的獨特視角？我有沒有想過獲益和虧損的機率呢？原來，我一直都自負地以為只要挑中好的股票就沒問題了，從來沒想過經濟走勢啊、市場啊這些概念。現在看來，那時候真是糊塗！白忙了一場！

你不可不知的理財祕密

投資是機率遊戲。我們不是要挑選「上漲的股票」，而是要去挑選「上漲機率更高的股票」。一定要記住這一點，要時時刻刻地記住！

重要的是要找出恰當的時機，也就是判斷在什麼時候入市決戰。這一點比前面提到的「挑選上漲機率更高的股票」更重要，它能保證你在股市中生存下來。股市大環境不好的時候，大部分的股票都在下跌；股市大環境好的時候，大部分股票都在上漲──那麼，與其在股市不好的時候挑選好的股票，還不如在股市好的時候隨便找一個差不多的股票進行投資。總而言之，市場走勢的重要程度高於單支股票的選擇。

因為傳統的教育方式造成了人們往往只學會了怎麼把知識裝進腦袋裡，卻沒有學會怎麼去運用它們，知道的知識很多，卻不會運用它們去創造財富。**最重要的不是知識水準，而是知識的運用**。

CHATPER 2

第二章

心動不如馬上行動！投資的要點在於搶占先機

「如何贏在起點」才是致勝關鍵。

當經濟週期還處在衰退階段的時候，當電視、新聞等媒體還在大肆報導「經濟還會更差」等新聞的時候，真正的經濟谷底有可能已經走過了，開始準備觸底反彈。

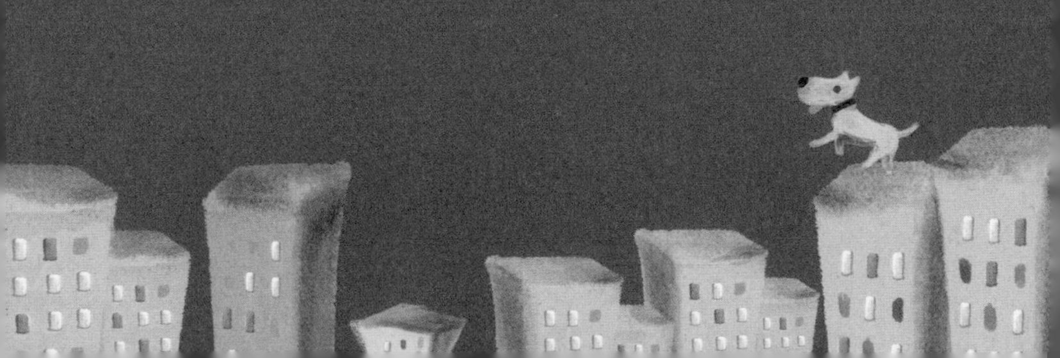

金曉陽從崔大友那裡學到一些知識後，對韓國經濟週期的規律產生了濃厚的興趣。沒過多久，金曉陽就掌握了經濟走勢的判斷方法，他的投資開始比較令人放心了。一旦投資進入正軌，那個關於大房子的夢想看上去也就不那麼遙遠了。

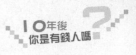

二〇〇九年……

「老公，你在做什麼？都整理好了嗎？」

金曉陽還沒回過神來，發現老婆拿著一個空紙盒站在他面前。「呃，不，還沒……」金曉陽把日記本放回書架上，胡亂搪塞了一句：「老婆，你去外面稍微休息一下吧。順便帶著孩子們玩。重的東西都整理好了，要扔的也剩沒多少，我一個人來收尾就行了。」

金曉陽的老婆今天格外有活力，對她來說，搬到比現在更大的房子是一件令人高興的事情。金曉陽對老婆真的是無比的感激，一起賺錢、一起照顧孩子，所然有點小口角，不過幸好都沒有什麼激烈的爭執，而且老婆還一直都鼓勵著金曉陽，盡全力地幫助他。

「啊？可以嗎？那我去公園找孩子們啦！」對老婆而言，今天搬家、整理行李等事情，不是體力勞動，而是快樂的遊戲。

第二天，金曉陽和老婆、孩子們一起去了趟3C賣場，從結婚到現在已經過了十年年，當時買的家電產品如今都該淘汰了，雖然還能再用一陣子，但是金曉陽想給老婆換一套新的，給新的房子配上新的電器，也算是替辛苦十年的老婆換換家庭氛圍。

那天雖然是週末，但是電子產品賣場卻沒有多少顧客。

「最近經濟好像不太景氣呢……沒多少人買東西呀？」

「就業不景氣，而且還有Double Dip（二次衰退）呢。」

「前幾天的新聞上說，這次的經濟蕭條有可能會長期持續下去……老公，你的投資沒問題嗎？」

老婆的口氣貌似有點擔心，但是她的神情卻很爽朗，從老婆的眼神中可以看出她對金曉陽的信賴。先前，金曉陽曾說服老婆，把她存起來的那筆要用來買房子的資金投到資本市場上運作，購買股票型基金，如今，理財確實獲得了大成功，雖然房價還是漲不停，但金曉陽他們卻已經能提早買間大房子了。金曉陽夫妻倆一起賺錢存起來的定存帳戶裡有1億韓元，這是他們七年來的積蓄；而老婆的基金帳戶裡卻有3億韓元，這是去年贖回的。這幾年，房價已經上漲了一倍以上，要是把錢一直放在定期存款裡，那麼他們絕不會有機會再買進這樣的大房子，連想都不敢想吧。至於金曉陽的其他投資，也就是炒股，老婆從來沒有干涉過，但也一直在獲利。

金曉陽回給了老婆一個微笑，意思是不要擔心。其實在二〇〇八年全球金融海嘯以後，金曉陽就曾猶豫過是否要晚點再買房子；這不是因為預估房價會進一步下跌，而是因為當所有人都悲觀的時候，正是買入股票的最佳時機。要是以前的話，在這種經濟景氣低迷的時候，金曉陽絕不敢貿然入市。想著想著，金曉陽又回憶起從前了。

僥倖心態要不得

「崔哥，您買樂透了嗎？」那是二〇〇三年春天的某個週末夜晚，金曉陽一家在崔大友家一起吃晚餐。

「最近又開始刮起樂透風潮了嗎？夢想著人生逆轉勝的人還真不少……我也是想看看這個樂透到底長什麼模樣，買了一次，不過那次是第一次也是最後一次。」

「啊，是嗎？我最近是每週都買，這種事情難講啊，萬一幸運女神抓住我的手呢。」

「小金，我們這些搞投資的人，千萬不能有那種僥倖心理，連那種想法都不應該有。你要刻意遠離這種想法才行。」

「我只是從零用錢裡拿出一點來買，這樣也不行嗎？」

「投資的基本原則是機率。如果你做投資想獲得成功，就要時常把機率擺在第一位，然後再作決定。仔細想想，小金，你抽中樂透頭獎的機率有多高？」

「聽說是八百萬分之一吧。」

「是的。也就是說，這個機率比你被雷劈到的機率還要低。你要是知道了這個機率，還想在上面押注嗎？你在買樂透的時候，就相當於拋棄了『機率』而選擇了『運氣』，拋棄了冷靜的判斷轉而希望僥倖的出現。你可能會說一次兩次無所謂吧，一次也才2000韓元沒什麼吧？其實不然啊，小金，你想想，有了一次就會有下一次，一直持續下去，2000韓元會變成2萬韓元，再變成20萬韓元。我再強調一遍，做投資的人是從日常生活開始就用機率來判斷、下決定的。」

「哎呀，我知道了。我隨口一提，卻反倒讓您教了一課。不過說些更正經的，我看世界盃結束後，韓國經濟景氣在迅速下滑，這種時候是不是應該靜觀其變，或者縮小股票比重呢？」

「這個嘛……可能是，也可能不是吧。」

「什麼意思？有可能不是？」

「我也是給我的顧客減了倉，降低他們股票型基金的比率。但是現在這個時候不一定只考慮減倉，說不定也是考慮建倉的好時機……」

「啊，是嗎？崔哥，那您覺得是不是現在差不多就是這次經濟衰退的谷底了？」

「不，我覺得經濟狀況應該還要再走一段才會到谷底。現在就說經濟衰退結束，應該還為時尚早吧……」

「您這話到底是什麼意思呢？您一邊說經濟狀況還會惡化，一邊又說開始考慮建倉……我感覺前後有些矛盾呢。」金曉陽歪了一下頭，表示不太理解。

「前後不一致？呵呵。那我問你，是經濟狀況開始好轉後再出現股價回升呢，還是股價回升後經濟狀況開始好轉？」

「當然是經濟狀況變好了以後才會出現股價回升吧。要是經濟狀況不好，企業業績也不好，股價怎麼會開始回升呢？」

「那，你有沒有聽說過股價先行於經濟變動？」

「這話我倒是聽說過。這基本上算是玩股票的常識吧。」

「那好，我再問一次上面的問題。如果股價先行於經濟變動，那麼是股價先回升呢，還是經濟狀況先好轉呢？」

「哦……這麼說來，應該是股價先開始回升呢。」

「對吧？股價先行於經濟變動，這句話的意思也就是說股價先回升，然後經濟狀況才開始出現好轉；如果經濟狀況好轉了之後再開始出現股價上升，那就是股價後行於經濟變動了。實際上，股價指數是經濟先行指數的指標之一，也就是說，政府也在盯著股價，如果股價上升了，就會認為或判定經濟狀況開始好轉了。」

「哦，原來如此啊！」

「既然這樣，股價的谷底應該是在經濟變動的谷底前到來吧？雖然經濟狀況越來越不好，但是股價或許已經開始從最低點反彈回升了。」

「啊……原來是這樣的呀！真是讓我學了一課！那股價一般會提前多長時間發生變動呢？」

「這個問題嘛……每個分析師都有不同的看法。不過一般來說，普遍認為股價比經濟變化提前六個月左右吧。」

「也就是說，只要能準確預測什麼時候是經濟變化的谷底，就能判斷股價的谷底在什麼時候出現了？」

「正是如此。所以呢，我們對經濟的理解是非常重要的。最近韓國銀行和其他民間研究機構都發布了他們的研究報告，預測今年第二季或第三季就會出現經濟的觸底反彈——這是一個很重要的資訊。也就是說，我們從那個時間點往前推算六個月左右就能找到股價的谷底。也因此，現在已經是三月份了……換句話說，股價很有可能已經開始觸底反彈了。」

「哦！」

「當然現在還不能完全確定。我現在想跟你說的，主要不是告訴你什麼時候是股價的最低點，而是說，像現在這樣每天都在報導經濟狀況越來越低迷的時候、大家都在紛紛減倉的時候，卻正是應該以抄底的視角看待這個市場的時候；等到經濟開始回升的時候再買進股票，那就晚了，股價會在經濟回升前的六個月就開始觸底反彈了呀！」

「哦……明白了，明白了。」

「你還記得我以前跟你說過，如何運用知識比學習知識更重要這句話吧？這件事雖然聽上去很普通，但是卻能造成很大的差異。大家都知道『股價先行於經濟變動』這個道理，但是很少有人能熟練地運用這個知識去進行投資；即使你已經知道這個道理，卻不知道怎麼去應用這個知識，那麼你就會失去一次絕佳的抄底機會。當你看著電視和媒體的報導而跟著認定經濟狀況將會越來越差時，很有可能就會低價變賣了手頭持有的股票，這就造成了虧損！我們應該做的是『如何低價抄底』，而不是『如何低價割肉』。我再說一次，像現在這樣，當媒體的報導是傾向於經濟越來越不好時，就更應該考慮什麼時候買進股票，而不是想著如何去割肉。」

戰勝人性的弱點：不只要懂，更要應用

崔大友的理論很簡單，不複雜，也沒有很深度的推論，投資者差不多都明白這些常識，但是崔大友卻能夠熟練地、絕妙地將這些常識運用到他的投資中；不，說不定不是崔大友太厲害，而是我們一般人太缺乏應用能力了。

「股價先行於經濟變動」這句話其實大家都是知道的，但是，因為財經新聞或媒體每天都在報導經濟狀況越來越不好，在這種情況下，試問又有幾個投資者敢去買股票？都忙著拋售吧！大部分人都是這麼想的：「現在經濟狀況這麼不好，股價怎麼可能回升呢？就算回升了也肯定是短暫反彈，過不了多久只怕會跌得更厲害。」但接著他們就會很驚訝地發現，股價居然一直上升，等到財經新聞開始大肆報導經濟狀況開始好轉時，他們才開始大規模地買進股票；不過，這個時候已經是股價觸底反彈後很久了……

炒股散戶中很少有人能賺大錢的原因是什麼呢？就在於他們在該買進的時候

賣出，該賣出的時候卻買進；這種做法和炒股的基本做法——「賤買貴賣」是背道而馳的，是「貴買賤賣」，因為他們都是在股價漲了很久後才買進股票，所以沒有辦法賺錢。

之後，金曉陽仔細觀察了經濟變動和股價的變動之間的關係，持續了一段時間後，他得出一個結論：崔大友的理論基本上都很正確，股價都是先行於經濟變動，率先觸底反彈，而且兩者之間的時差確實也在六個月左右。

而且，當財經新聞大幅報導「經濟狀況越來越不好」、「明年經濟前景更為暗淡」、「經濟衰退將會持續」這種負面報導時，散戶們往往耐不住心中的不安和擔心，開始清倉割肉；而股價卻開始從這個時候達到那一次衰退的最低點，開始轉進上升通道。實際上，經濟衰退相關的新聞報導和股價上漲相關的報導同時出現的情況也不在少數。

金曉陽還發現一個有趣的現象，那就是：股價先行於經濟變動的規律只適用於尋找最低點的時候；在尋找最高點的時候並不適用。也就是說，買入股票或者基金的時候，需要提前開始準備建倉；但是賣出股票或贖回基金的時候卻需要另一種做法。

經濟專家其實一點都不神

二〇〇三年十月……

「崔哥，去年經濟成長率居然達到7%了，看來世界盃的經濟拉抬效應很大呀，真讓人驚歎！難怪很多國家都搶著申請世界盃和奧運的主辦權呢。」

「嗯，是呀。是不是希望再舉辦一次世界盃呀？」

「當然啊！先不說有沒有經濟效益，光是看球這個好處就已經讓我嚮往了。韓國要是能再舉辦一次世界盃，我這一生都別無他求了。去年的那股熱情，至今記憶猶新呢……現在想來也很激動，而且，和崔哥您認識也是因為世界盃啊。」

「呵呵，是呀……」

「我還希望二〇〇六年德國世界盃早點開始呢，都覺得時間過太慢了。」

「呵呵……沒想到小金你還真是急性子呢。先不說這個，你那個股票買得差不多了吧。」

「嗯。留了10％左右的現金流量，其他資金都用在建倉上了。上次和崔哥談過以後，還想了一陣，因為那個時候經濟狀況很不好，一想到要開始買入股票就覺得有點不可思議；不過再想到這是一個抄底的好機會，就想開了。如今看來，報導經濟衰退的財經新聞不一定是令人絕望的，倒是告訴我們什麼時候是抄底的好時機。現在我反而會開始期待了呢，哈哈。」

「哎喲，你這變化倒是蠻大的嘛！」

崔大友臉上浮起了滿意的笑容。崔大友很喜歡跟金曉陽聊天，金曉陽的思維和心靈一直都是開放的，非常積極地接受外界的新事物。

「然後，我又去查了KDI（Korean Development Institute，韓國開發研究院）和其他研究機構發布的資料，就像崔哥您說的那樣，第二季和第三季都被認為是經濟衰退的轉捩點；而且，股價在今年三月份到了515點的最低點後，就開始強勁反彈，我那時就想：『這應該是說明股價觸底反彈了吧？』所以我就在四月份和五月份分批買進股票，基本都是在500點至600點左右時買進的。」

「哦，跟我差不多呀。我也大概在那個時候給我的客戶建倉了，主要是股票型基金……」

「這全是靠您這位好師父呀。」

「師父……呵呵，這話聽起來蠻不錯嘛！」

「我也是經歷過之後才發現知識的應用是何等的重要，我現在看經濟新聞報導著經濟衰退時，一想到這只是為了確認最低點，心裡就踏實很多。突然覺得自己有點厲害了，呵呵。」

「對，就是這樣……另外還有一件事。最近我為了看清楚市場的走勢，分析了一些有關經濟景氣循環週期的資料，我發現，金融危機前和金融危機後的景氣週期正在發生變化。金融危機以前，一個週期的平均時間是53個月左右；經濟擴張期是34個月左右，約為三年不到的時間；經濟收縮期，也就是衰退期，基本在19個月左右，約為一年半。不過金融危機以後，景氣循環週期好像大幅縮短了。你看看這張走勢圖。」

崔大友給金曉陽看了一個圖表。

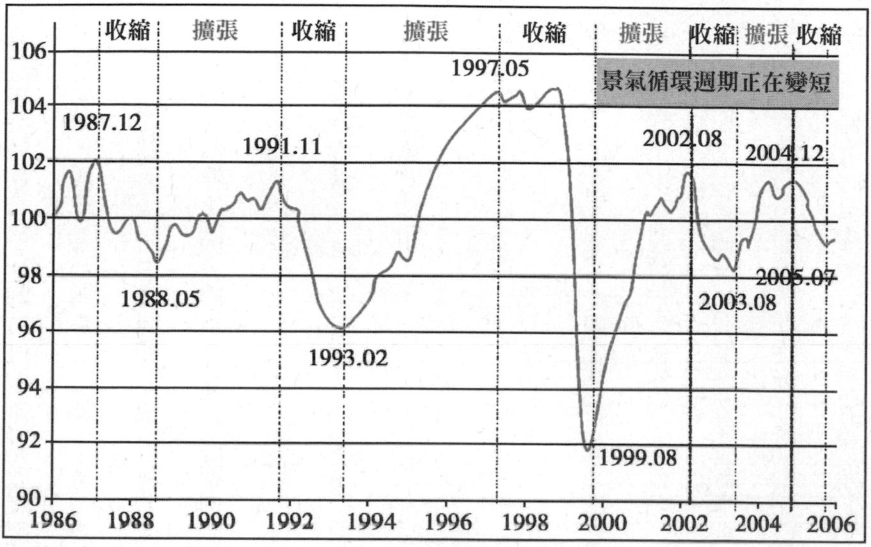

經濟景氣指標走勢圖

「哦……還真是您說的那樣呢。金融危機以後經濟週期正在縮短。」

「這個現象可能是一時的，還不能完全確定是結構性的變化，不過現階段看來，至少能知道這一次的經濟擴張期會比往年的要短，這是一個很重要的參考指標。」

「啊，是嗎？有點讓人失望呢。這次我剛好是在低點買進的，還希望股價能漲更多讓我賺大錢呢……」

「現在還沒有完全確定，再慢慢看著辦吧。雖然股價這東西和經濟密切相關，但也不一定只有經濟這一個決定因素……」

在那次談話以後，金曉陽開始追蹤韓國統計廳發布的經濟相關指標。相關部門一發布資料，他就儘快將資料存進自己準備的 Excel 文件裡，做成追蹤資料庫。經濟景氣循環週期果然像崔大友所說的那樣，在逐漸縮短。除此之外，金曉陽還發現了一些有趣的規則，這些規則在日後金曉陽和崔大友預測經濟和股價高低點的時候，發揮了重要的作用。

在變化中尋找不變的規律

根據二〇〇七年八月份韓國銀行發布的資料顯示，金融危機以後，韓國經濟發生了重大的變化——經濟景氣循環週期縮短，經濟變動幅度變小，韓國經濟週期在金融危機以前平均是 52.8 個月，但在金融危機之後縮短為平均 26.7 個月，幾乎縮短了一半左右的時間；經濟狀況逐漸好轉的經濟擴張期從以前的 34 個月左右縮短為 16 個月左右；經濟狀況逐漸變差的經濟衰退期從以前的平均 18.8 個月縮短為 10.7 個月左右。也就是說，在平均16個月左右的時間內，經濟處於擴張期；在其後的10.7個月左右的時間內，經濟處於收縮期。這種擴張和收縮在循環地、反覆地發生。

而且，在金融危機之前，經濟擴張期和收縮期的經濟成長率差異是平均2.8%，在金融危機以後縮小為平均1.0%。也就是說，在金融危機以前，經濟好的時候和經濟差的時候會有很大的差異，給人的感覺非常明顯；但在金融危機以後，經濟好和不好的差異並不那麼明顯，人們實際感覺起來並不容易。雖然這表示經濟的穩定性在提高，但是從另一方面來說，也表示經濟的爆發力在減少，潛在成長力在降低。

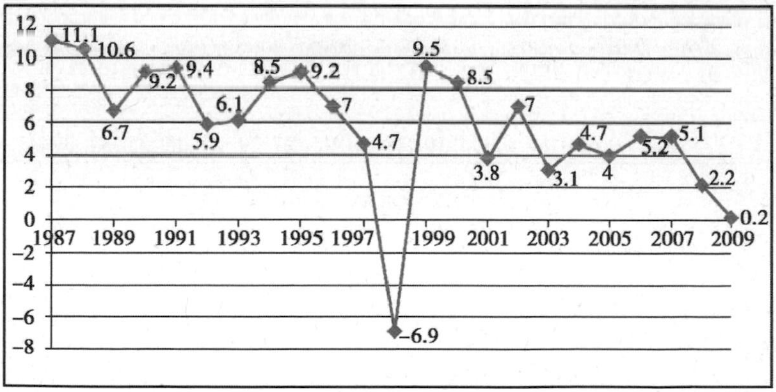

經濟成長率歷年走勢圖

縱觀金融危機以後韓國經濟的季成長率，很容易便能發現金曉陽和崔大友對話中的經濟景氣循環週期規律。

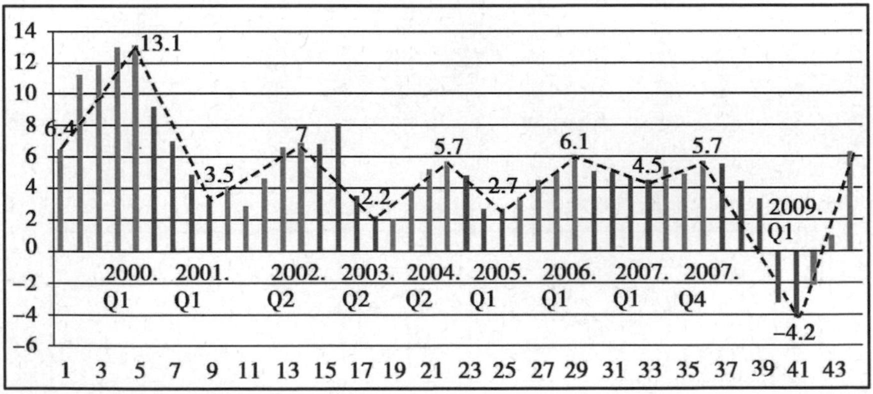

每季經濟成長率

上面的季成長率走勢圖中，每個柱形表示一季（3個月）的經濟成長率。柱形越長，表示經濟成長率越高，經濟狀況越好。其中，用顏色表示的期間代表著經濟擴張期，也就是經濟成長率逐漸提高的時期；用灰色表示的期間代表著經濟收縮期，也就是經濟逐漸衰退的時期。看這個走勢圖就能發現到，顏色柱形會連續出現四至五個，這表示經濟擴張期會持續四至五季（12至15個月）；同理，表示經濟收縮期的灰色柱形會連續出現三至四個，這代表經濟收縮期會持續三至四季（9至12個月）。

同時，經濟最差的時間點，也就是經濟的谷底，是在灰色柱形最短的那一時期；經濟最好的時候，也就是經濟的高點是在顏色柱形最長的那一時期。景氣週期是從經濟的最低點到下一次最低點為止，或者是從經濟的最高點到下一次最高點為止為一循環。若從此期間中的柱形數量來計算經濟景氣循環週期，我們可以發現，經濟在八至九季（24至27個月）內完成一次景氣循環。總的來說，我們可以這麼理解：一次經濟景氣循環週期基本在兩年左右的時間內會完成經濟的擴張和收縮，也就是一年擴張後一年收縮。這種過程會反覆地出現，成為經濟景氣循環。

這是金曉陽和崔大友發現的第一個規律。

而不只是在經濟循環週期上能找到規律，在形成經濟最高點和最低點的問題上也可以找到類似的規律。首先來看看判斷經濟谷底的共同規律。

經濟的谷底分別出現在二〇〇一年第一季、二〇〇三年第二季、二〇〇五年第一季、二〇〇七年第一季、二〇〇九年第一季。主要集中在「奇數年」的「第一季」。也就是說，在每個奇數年的第一季（一至三月份），會出現主要的經濟谷底。

如果以這樣的規律一直持續下去，那麼誰都能輕易地預測到下次的經濟谷底。

要是在這裡應用一下前面提到的「股價先行於經濟變動」的知識，那麼我們也就可以找到股價的谷底會在什麼時候出現——股價的低谷通常會在經濟谷底的六個月前，也就是在奇數年的第一季前六個月左右的時點出現，也就是偶數年的第三季左右；換句話說，若我們視二〇〇五年的第一季為經濟谷底的話，在二〇〇四年第三季（七到九月份）正是出現股價谷底時候，開始觸底反彈。這當然是低價抄底的好機會。

實際上，金曉陽在二〇〇四年夏天，趁著一般大眾因為油價上漲、美國加息而引起市場擔心經濟衰退的時候，分批買入了低價的股票；同樣，在油價飆升、通膨預期加強、中國實行緊縮政策等因素導致市場心理緊張的二〇〇六年夏天也分批買入了不少低價股票。而事實上，股價的低點也確實在二〇〇四年八月二日（偶數年第三季）和二〇〇六年六月（偶數年第二季末）出現了。這麼說來，金曉陽用簡單、易懂的規則預測了買入股票的最佳時機。

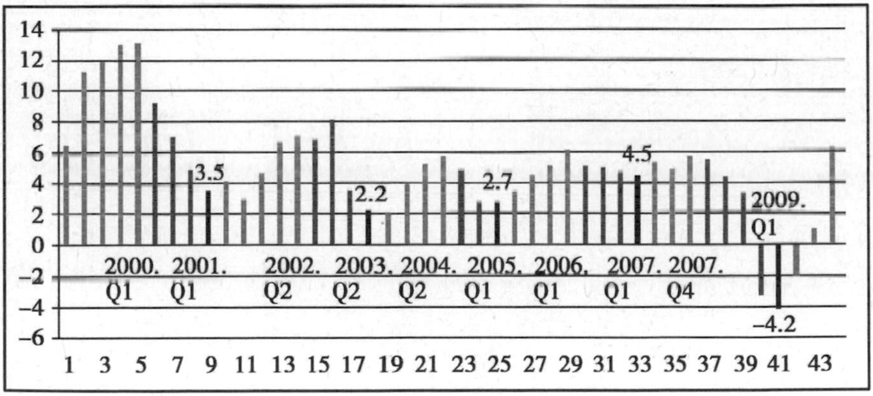

每季經濟成長率（低點）

不過，在運用這種規律的過程中，金曉陽感到了一絲不安。因為這個規律不是絕對的，很有可能會發生變化；也就是說，即使自己運用規律而預測了經濟和股價的最低點並買進股票，但股價還是有可能會繼續下跌。事實上，在全球金融危機發生的時候，股價低谷就曾出現在二〇〇八年第四季。

為了避免這種由於規律出現變化而造成的判斷失誤，金曉陽在「經濟谷底——股價谷底」的原則基礎上又給自己加上一個買賣規則——「在膝蓋處買入，在肩膀處賣出」。具體說來，即使判斷出什麼時候是經濟谷底以及股價的谷底，也不要先著急買入，要等股價明確地走過股價谷底以後，待其上漲了一小部分的時候，才買入股票，這就是「在膝蓋處買入」。放棄了在最低點買進，而在稍高的價位上買入股票，以此為代價，大幅減少股價持續走低的風險，可以在基本上確認股價的整體走勢。

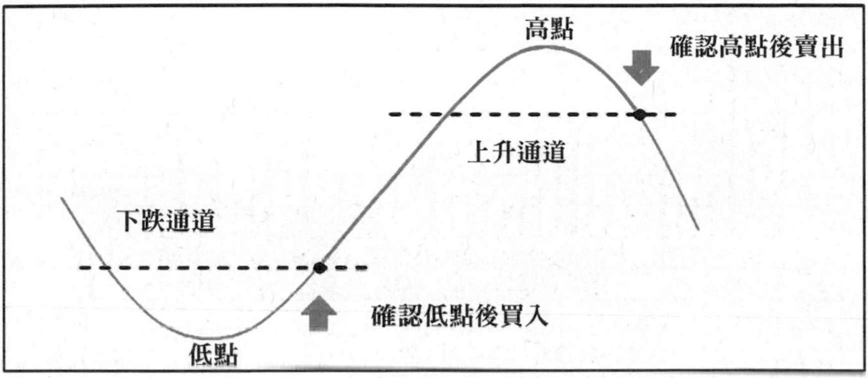

股票買賣時機示意圖

當然，出售股票的時候也不急於在高點賣出，要等股價走過高點一陣後，已經確認開始走進下跌通道的時候再賣出股票，以確保股價已經走過最高點。

下面再看看經濟循環週期的最高點。

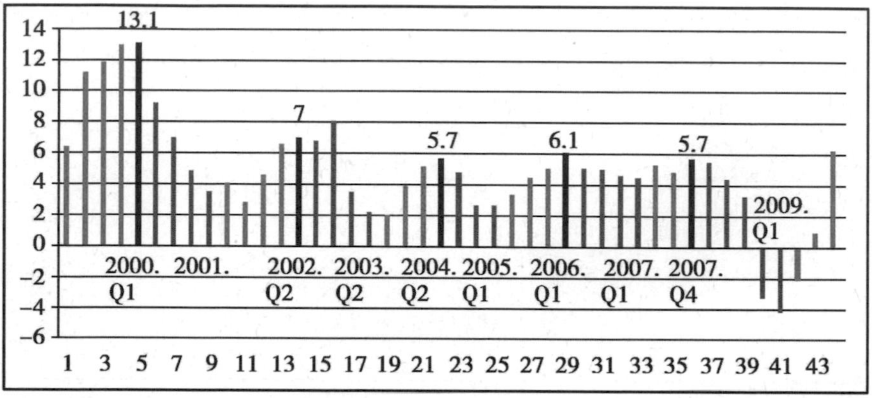

每季經濟成長率（高點）

金融危機以後，經濟循環週期的最高點分別在二〇〇〇年第一季、二〇〇二年第二季、二〇〇四年第二季、二〇〇六年第一季、二〇〇七年第四季出現過。除了次貸危機給市場造成嚴重影響的二〇〇七年以外，其他的最高點都出現在「偶數年」的「第一季或是第二季」。也就是說，在每個偶數年的第一季或者第二季會出現經濟週期的最高點。

那麼股價的最高點也會像最低點那樣走在經濟變動前的六個月左右嗎？如果是這樣，那麼是否也應該像判斷最低點的時候那樣，提前六個月處理掉手頭的股票和基金呢？

在股價最高點走勢圖中，用圓圈表示出的部分是出現股價最高點的時候，上面的數字表示股價記錄最高點的日期。我們來看一看這些股價最高日期都有什麼樣的共通點。

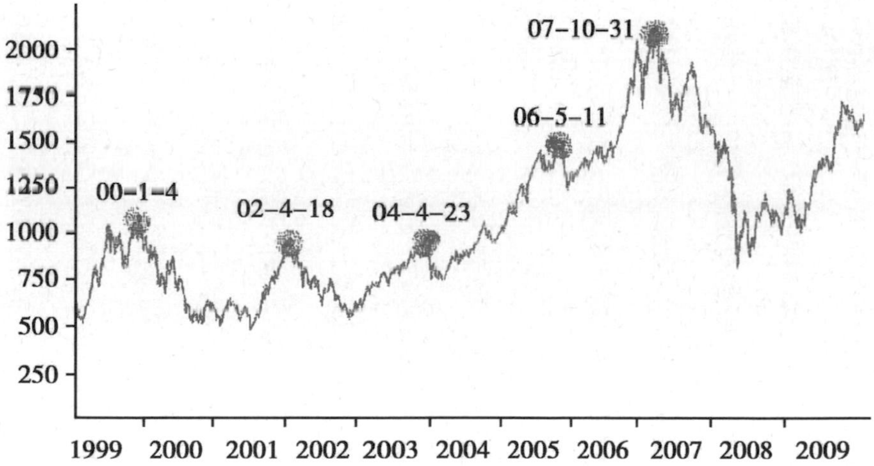

股價指數出現高點的日期

它們分別是：二〇〇〇年的第一季（2000.01.04）、二〇〇二年的第二季（2002.04.18）、二〇〇四年的第二季（2004.04.23）、二〇〇六年的第二季（2006.05.11）、二〇〇七年的第四季（2007.10.31）。我們將這些日期與前面提到的經濟循環週期的最高點進行比較，不難發現，經濟週期的最高點和股價的最高點幾乎在同一時期出現。也就是說，股價並不是先行於經濟週期而率先出現股價高點，實際上，是在經濟最高點的時候同時出現股價的最高點；同時，當經濟循環週期走進收縮期的時候，股價也伴隨著經濟週期走進下跌通道。總的來說，經濟最好的時候股價也達到最高點，所以我們不應該提前出售手中的股票，而應將其保留到經濟週期最高點的那一刻。

但是，在運用這一規律時，也存在一個問題：何時出現經濟的高點呢？這一問題只能等過了一段時間後通過各種統計資料才能得以確認，在經濟週期達到高點的那一刻，並沒有什麼直接的辦法能確認是否已經達到景氣循環的最高點。為了解決這一問題，金曉陽和崔大友考慮了很多種解決方法，最後他們採用了「經濟（景氣）先行指數」（前年同月同比）——它能提前反映經濟的動向。

實際上，若觀察經濟先行指數和股價指數之間的關係，我們可以輕易發現這兩個指數的高點出現的時期幾乎是一致的；也就是說，一旦發現經濟先行指數開始下降，就可以處理掉手中的股票了。因為經濟先行指數的下跌意味著股價已經開始走進下跌通道，這種做法雖然無法讓我們在最高點賣出股票，但至少能保證在股價較高的時期賣掉股票，也就是「在肩膀處賣出」。

金曉陽靈活運用了這一規律，在二〇〇六年初的時候，通過觀察經濟先行指數的下降來預測股價的最高點已經達到，或已經過去了；而那個時候，大家都還在談論經濟將會繼續上漲呢。

另外，在二〇〇八年，金曉陽也通過經濟先行指數來判斷了股價的最高點。在美國次貸危機迅速擴散的情況下，他提前嗅到經濟衰退的氣味，趁早處理掉了自己手中的股票。

金曉陽和崔大友堅定地相信並靈活地運用了「經濟週期以兩年為單位進行循環」和「股價低點先行於經濟週期的低點，股價高點與經濟週期的高點同時出現」這兩個很簡單的規律。這兩個規律看似簡單、初級，卻讓金曉陽和崔大友趕在別人前面正確預測了經濟和股價的走勢，他們在這個簡單規律的幫助下，反覆地在低點以低價買進，在高點及時出售，真可謂每次都抓住了適當的時機。

實際上，在這一規律中使用的單位——「季」是三個月長的時間，在股市中，三個月的時間基本上算是比較長的期間，並不是一個精細的時間分割，尤其是像韓國這樣變動性較大的市場中，三個月的時間足以帶來 10% 以上的股價變動。雖然「季」這個單位無法精密地告訴他們買入、賣出的準確時間，但足夠讓他們看清經濟的狀況並預測市場的走勢，縱使只能判斷買入和賣出的時機，也能大幅提高勝出的機率。事實上，對於投資者來說，最為重要的和最為困難的判斷當屬「對買賣時機的判斷」，儘管不夠精細，但這個方法至少提供了一個判斷依據，這足以讓投資者的收益率有了較大的提昇。

對於金曉陽來說，之所以能發現這些以前連想都沒想過的有趣規律，是因為他和崔大友的相逢。崔大友不斷地用經濟和金融市場的話題以及對統計資料的整理和分析，幫助金曉陽深入地瞭解知識，更重要的，是他還幫助金曉陽熟練地運用他所學到的知識。金曉陽在崔大友的引導下，一步一步地向前進步。

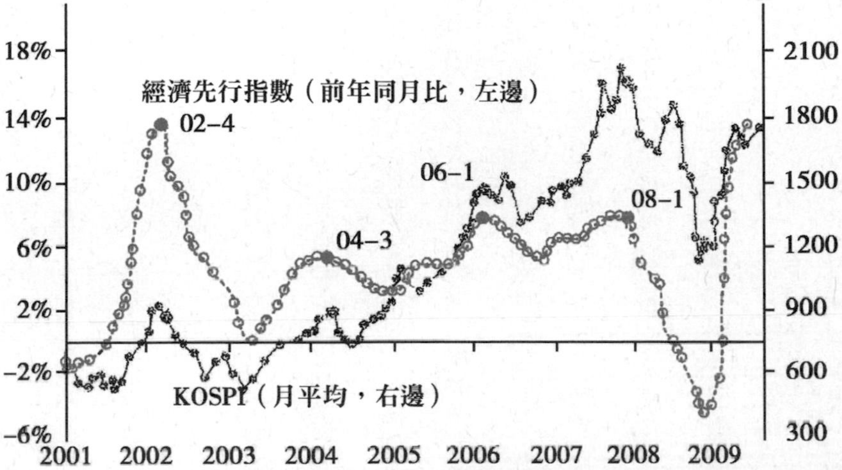

P.S. KOSPI指數（Korea Composite Stock Price Index），韓國綜合股價指數

經濟先行指數高點和KOSPI指數

二〇〇九年……

老婆在泡菜冰箱的展示區認真地聽著售貨員的說明，她一直想要一個泡菜冰箱。之前住的房子太小，沒有地方放得下那麼大的泡菜冰箱，但即將要搬到大房子了。

雖然昨天晚上整理行李到很晚，但是老婆的臉上一點都感覺不出疲勞，倒是很快樂的樣子。當然，金曉陽的心情也非常非常舒坦。小草和小芽還在電玩展示區，正玩得不亦樂乎，他們後面還有七八個孩子在排隊等著玩電動。

金曉陽一個人走到了商場一角的休息區，要等老婆挑選出幾個候選商品，還需要至少一個小時吧？對於金曉陽來說，購物是一件非常頭疼的事情，但對於老婆來說，購物是無比的快樂。所以，金曉陽和老婆經常用這樣的方式來完成購物——老婆一個人先逛一圈，將每種商品都挑選出兩三個型號作為候選；而在這段時間內，金曉陽要嘛一個人休息，要嘛照顧孩子；最後再由金曉陽和老婆一起商量決定買哪一款。

金曉陽從免費提供的自助咖啡機上倒了一杯咖啡，舒服地坐在沙發上，拿起了當天的財經日報，頭條還沒看清楚，倒是一旁刊登的財經新聞先讓他產生了興趣：這則報導說，IMF小幅提高了二〇〇九年和二〇一〇年韓國經濟成長率的預期值。上個月，IMF也發布了一個比較樂觀的報告，說在OECD（Organisation for Economic Co-operation and Development，經濟合作與發展組織）成員國中，韓國的經濟成長率應該是最高的；而且在這段時期，一向對韓國經濟預測持悲觀態度的外資銀行及海外研究機構也紛紛發表報告表示，韓國的經濟成長率預期比以前更高了──這段時間人們對韓國經濟的看法真是發生了巨大的變化呀！

房子是每一個家庭的夢想

會不會太早買了這個房子？金曉陽再一次想到這個有些為時已晚的問題。實際上，如果不是為了老婆和孩子，金曉陽並不覺得那個半地下室的房子有什麼不妥。而且他認為與其現在買房子，還不如用那筆資金投資到股市；房地產經濟週期一般在五到十年左右，二〇〇七年開始出現房地產市場回調以後，今後一段時期內很難出現房價的大幅攀升。這就是金曉陽的想法。

與此相反地，股市倒是進入了一個較為大型的上升通道，股價在前段時間突破了500至1000點的區域，這是將近二十年來的首次突破。只要沒有很大的意外，現在這個上升通道應該會讓股價漲到一個很高的水準，而且上漲趨勢也不會輕易發生變化；換句話說，在這個時間點把資金全都投在房子上，不就是浪費了賺大錢的絕佳機會了嗎？

但話又說回來，買一間三十多坪的房子對於金曉陽夫妻來說有著重要的意義，金曉陽算是給老婆一個交代，補償了自己當年因炒股失敗而輸掉的房子；最近幾年，金曉陽之所以認真地管理資產，也是想還清自己對老婆欠下的債——心頭債。所以呢，金曉陽就沒有想那麼多了，閉上眼睛說：「好，買房子就買房子！」他默默地想：「崔哥現在應該是考慮加倉了吧？」

金曉陽翻看財經日報時發現了一則有關韓國經濟成長率目標值的爭論：韓國到底能否回到過去那種高速經濟成長期呢？從結論上來看，基於現在的人口變化趨勢和經濟結構，那是一個不可能實現的目標；實際上，金曉陽在幾年以前就預想到了韓國將會進入已開發國家型的低成長經濟時代。那個時候好像是二〇〇四年春天吧。

國家在下一盤很大的棋

二〇〇四年春天……

「崔哥，雖然去年發生了很多問題，諸如伊拉克戰爭、朝鮮核問題、LG信用卡事件，不過我看到今年一季的經濟成長率又恢復到了5%的水準。要是能好好熬過這次經濟危機，那麼韓國是不是還能再次回到以前那種高速成長的時代呢？」

「這個嘛……」

「前幾天我看新聞，說在一九九七年金融危機以前，韓國經濟的平均成長率達到8.25%，現在亞洲金融危機也過去了，二〇〇三年的危機也熬得差不多了，應該能回到以前那種高速成長時代吧？」

「亞洲金融危機以後，韓國確實克服了很多困難，但我認為韓國經濟應該是很難再回到以前那種發展模式了。」

「這又是為什麼呢？您看，IMF的借款也還清了，韓國也成功舉辦了世界盃，企業也通過重組獲得了更好的體質，我們沒道理不能回到以前那種時代呀？現在韓國經濟的健康程度比以前好很多了，所以應該能實現更高的經濟成長率吧，不是嗎？」

「要是能那樣的話當然最好了，我也希望是那樣，但是實際上我認為，韓國已經開始進入結構性的低成長時代。」

崔大友頓了一下，稍微整理了一下自己的思緒。

「小金，你認為韓國能成為已開發國家嗎？」

「當然了。我們的目標不就是成為已開發國家嗎？雖然現在要立刻實現這個目標是比較困難的，不過我認為我們用不了多久就能成為已開發國家。去年的人均收入，要是換算成美元的話，又重新回到了1萬美元的水準，亞洲金融危機過了五年後我們又一次實現了1萬美元的人均收入。」

「是的，你說得沒錯。不過，要是真成了已開發國家，經濟發展速度是不是更慢呢？或者說，成為已開發國家以後經濟成長是不是更難了呢？」

「為什麼？成為已開發國家以後經濟體質會更好，經濟不是更容易發展嗎？」

「那你說說看，我們判斷是否成為已開發國家的標準是什麼？」

「那當然是國民收入了。」

「已開發國家是指國民收入高的國家，是吧？那麼國民收入高，對企業來說意味著什麼呢？」

「是啊，意味著什麼呢？」

「國民收入提高也就意味著薪資的提高。國民收入是指一個國家的公民所賺取的收入，公民的收入增加，也就意味著薪資提高；而收入提高後，消費、生活、教育的水準也相應地提高；這麼一來，員工們要求的薪資也會隨著上漲，也就是整個社會的薪資水準會上漲。」

「是啊……」

「最近在韓國頻頻出現『就業難』和『找人難』兩者並存的現象，這其實是因為薪資提高了。在國民收入增加、教育水準提高後，人們的預期薪資也水漲船高，但是企業開出來的薪資水準卻沒有跟上步伐，所以招不到足夠的員工；工作機會就擺在那裡，但是卻沒有人願意去拿較少的薪資，還不如當個失業者，一了百了。而企業主招不到人，就只能找外國勞工來填補人員的空缺。」

「聽起來還真的是這樣呢。」

「企業為什麼無法給員工支付足夠的薪水呢？是因為這麼高的薪資標準會侵蝕企業的利潤，直至企業收支不平、出現虧損，這也會導致企業的價格競爭力下滑。那麼這個時候企業將會採取什麼樣的措施呢？假設小金你是一家企業的 CEO，你正要新建一個廠房，那麼你有兩個選擇，一個是在韓國投資建廠，另外就是去中國等開發中國家建廠，如果是去中國建廠的話，便能用十分之一的費用來生產。那這個時候小金你會怎麼選擇呢？」

「那當然是去中國建廠嘍。」

「對，就是這樣。實際上最近很多製造業都去中國或者東南亞、中南美等地投資建廠，或者直接轉移到那邊去。『製造業的空洞化』現在已經成為了社會層面的重大問題，這個你知道吧？我們國家在成為已開發國家的過程中，肯定會出現這樣的現象，這是無法避免的。其他已開發國家的發展過程中也出現過類似的情況，比如總公司在本國，但是生產工廠都無一例外地建在國外的開發中國家，這是因為開發中國家的人力費用非常低廉，同樣的商品，若是在低工資的國家生產的話，就多出一部分利潤給企業了。最後，韓國國內的生產會減少，海外的生產會擴大；一方面，企業的海外投資逐漸擴大，另一方面，韓國國內投資卻逐年減少，這麼一來，國內投資減少，生產會降低，經濟成長率理所當然也會降下來……」

「哦，是這樣啊。如果國民收入提高的話，薪資水準會隨著提高，企業因為失去價格優勢，所以減少韓國國內的生產，擴大海外生產；韓國國內的經濟因為國內投資和國內生產減少，其成長率會逐漸降低。也就是說，隨著國民收入增加，離已開發國家越近，那麼經濟成長率就會越低。是這樣吧？」

「對，實際上，我們要是比較已開發國家和開發中國家的經濟成長率就可以發現，美國、歐洲各國、日本等已開發國家的經濟成長率一般都維持在 2% 至 3% 左右，而像中國這樣的開發中國家的經濟成長率則達到了 10% 以上。」

「是呀。」

「韓國經濟也是如此。如果它繼續這麼發展下去，國民收入持續提高，那麼韓國國內的生產會越來越少，國內生產會逐年降低，也就是說經濟成長率會漸漸降低。而且那些所謂的已開發國家通病，什麼低生育率、高齡化等問題正在侵蝕韓國的潛在成長率，經濟活力也只能下降。」

「我也在報紙上看過低生育率和高齡化這些問題。不過我沒有仔細閱讀，所以不太明白為什麼這些現象會對經濟產生重大影響。」

「人口結構的高齡化是指：隨著平均壽命的提高，65 歲以上的老年人口占總人口的比重提高。現在 65 歲以上的高齡人口占總人口的比重是 8.3%，但是到了二〇五〇年，預期會上升到 38.2%。高齡人口增加就意味著那些沒有經濟活動能力並且需要撫養的人數漸漸增多，那麼社會整體的福利費用和負擔也會跟著增加，投資到經濟成長的餘力就沒那麼多了。」

「那麼低生育率為什麼會降低經濟成長的潛力呢。」

「低生育率就意味著未來經濟活動人口的減少。也就是說那些將來參加工作、創造收入，通過儲蓄和消費來引領經濟並贍養老年人的人口在減少；換句話說，由於低生育率和高齡化，在人口比率中能夠工作的人群比率降低，無法工作的人群比率增高，這自然而然地降低了經濟成長的潛力，經濟的活力也會減少吧！」

「以後這個問題會很嚴重啊……」

「應該是吧……不管怎麼樣，去年那個 7% 的經濟成長率應該看成是世界盃效應造成的特殊情況。以後不太可能實現亞洲金融危機以前的 8% 的經濟成長率了。」

「您的意思是說韓國已經開始真正進入結構性的低成長時代了。」

「至少從現在的情況看來，應該是可以這麼認為的。」

大趨勢下小人物的黃金機會

「不過，低成長時代也有它的應對方案，重新實現較高的經濟成長率——發展服務業就可以了。金融、物流、醫療、法律、教育等這些都是屬於代表性的服務業，不過，大部分的服務業都是由人來提供產品——也就是服務——所以即使是同樣形式的服務，所提供的服務品質也是有天壤之別的。與製造業不同，我們可以把國民收入提昇帶來的高薪資通過高品質服務的形式來轉嫁、消化掉。你想想教育的例子，為什麼很多韓國家庭把孩子送到美國去留學？因為美國能提供的教育品質比韓國更高，所以他們理所當然地索取更高的教育費用。很多韓國企業在實施大型

M&A（Merger and Acquisition，即購併）的時候，專門挑選收費昂貴的外國仲介機構，也是因為他們提供的服務品質高。」

「哦，是這樣啊……」

「再想想這個。韓國政府每次換屆的時候都會提出『發展服務業』的口號，你是不是聽政府呼籲過很多次『要把韓國發展成為東北亞的金融中心』或者是『物流中心』這種政策？之所以政府反覆提出這種服務業發展政策，就是因為以前那種以製造業為中心的發展模式遇到了瓶頸。現在，需要把服務業發展成為新的經濟成長拉抬力量，只有這樣，我們的子女才不會因為經濟成長停滯和失業率高而感到痛苦。這肯定不是一件容易的事情，要發展好服務業，首先需要開放市場，提高國際競爭力；雖然從目前來看，從事服務業的人們會反對開放市場，但是從長遠來看，別無他法。要不然韓國經濟無法跳出低成長的泥淖，失業率提高，國民收入減少，最終會導致對服務業的需求減少，對服務業也是負面效應。」

「是啊，確實是啊。」

「要等到服務業成為拉抬經濟的主要力量之一，並且具備全球性的國際競爭力，應該需要較長的時間。到那時候為止，韓國經濟應該還是會維持低成長的局面。」

「真是令人沮喪呢。要是這樣一直維持低成長，企業的業績會惡化，股市也會停滯不前吧。」

「這個嘛……從投資的層面考慮的話，倒可以看成是一次機會。」

「這是什麼意思呢？」

「我們進入已開發國家型的低成長時代，是源於產業結構升級帶來的勞動附加價值提高，這和源於經濟衰退的低成長是不一樣的。源於經濟衰退的低成長低於合理成長率，人們的收入和消費會減少，企業的整體銷售額和利潤都會下降；但是我們現在的結構性低成長卻不是這樣，企業為了降低人力費用，去海外投資建廠，但是在韓國國內也會通過『自動化生產』和『高效能化』來提高附加價值，所以企業的利潤反而會增加。實際上，那些已開發國家的經濟成長率比韓國低很多，但是那些國家的企業有更高的利潤率。」

「原來是這樣啊！同樣是低成長，但不能混為一談。可是，您剛才說了，這對投資是個好機會。這又是怎麼回事呢？」

「這應該是我們一直等待的好機會，股市有可能已經開始轉為整體上漲的趨勢了……不，說不定已經開始上漲了。不管怎麼樣，我現在還處於收集資料的階段，還不敢貿然說出結論，下回咱倆再仔細討論這個問題吧。」

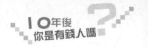

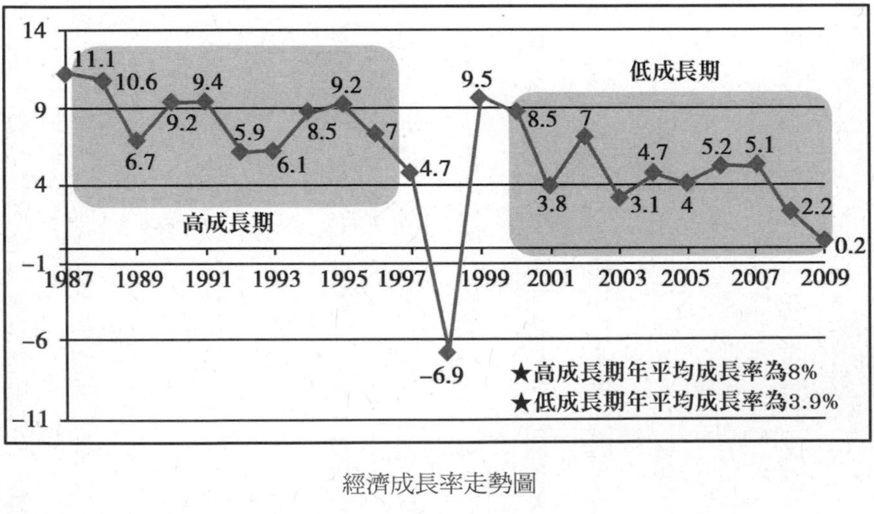

經濟成長率走勢圖

你不可不知的理財祕密

★ 對於投資者來說，最重要且最困難的決定是判斷買賣時機，現在到底該是買入股票還是賣出股票？只要你能準確判斷這個問題，你的勝率會大幅提高。

★ 亞洲金融危機以後，韓國的經濟循環週期縮短為兩年左右的時間，一年擴張期後一年收縮期，呈現出較為規律性的走勢。但是市場上從來沒有絕對的規律，一定要根據市場當時的現實狀況來靈活地進行思考。

★ 股價先行於經濟週期。因此，經濟週期還處在衰退階段的時候，也就是說電視、報紙等媒體還在大肆報導「經濟還會更差」等新聞的時候，股價有可能已經走過最低點，開始觸底反彈了。

★ 經濟的低點多出現在奇數年份的第一季（1至3月份），股市的低點多出現在提前六個月的前一年，也就是偶數年的第三季（7至9月份）。

★ 經濟的高點多出現在偶數年度的第一、第二季，股價的高點幾乎也在同時期出現。也就是說，在經濟的高點，股價走勢不會先行於經濟變動。因此，在經濟開始衰退的時候出售（同行變化），經濟「還要更差」的時候要考慮建倉（先行變化）。

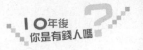

★ 國民收入提高後，薪資上漲，導致企業的價格競爭力降，企業開始去海外投資建廠，國內投資減少，經濟結構進入結構性低成長發展模式。

★ 進入已開發國家型的低成長階段是源於產業結構升級和附加價值比率的提高，會提高企業的利潤，在這一點上它和源於經濟衰退的低成長不一樣。

CHATPER 3

第三章

大錢的流向決定小錢的流向

資金天生會追逐利潤，既要明白大勢，也要明白大勢所趨。

錢的流向發生變化時，隨之而來會發生一系列的變化；看清變化的方向，跟隨流向，就可以找到賺錢的機會。

這一年夏天，史上罕見的低利率席捲著韓國市場。崔大友說，像這樣利率出現變化後，資金流向將會發生變化，賺錢的新機會開始出現。對於金曉陽來說，他的投資視野發生了很大的改變，投資技巧也更上一層樓。為了家庭，為了孩子們，一定要繼續努力。家人永遠是金曉陽前進的動力。

二〇〇九年……

「爹地！」小芽總是愛撒嬌，真是金曉陽貼心的小寶貝。小草和小芽回來了，打斷了金曉陽的思緒。

「這麼快就玩夠了？怎麼不再玩一會兒呢？」小芽像往常一樣，爬到金曉陽的腿上，鑽進了他的懷裡。

「那邊的阿姨說，一個人不能超過十五分鐘，要給其他小朋友們玩。」

「哦……原來是這樣啊，媽媽好像還要再挑一下子。那要不要跟爸爸一起去附近的公園玩玩呀？」

「好啊，爸爸。」

金曉陽抓著孩子們的手，走到了車子那邊。後車廂裡塞滿了溜冰鞋、羽毛球拍、足球等玩具。金曉陽拿出了溜冰鞋，跟孩子們一起走到了公園。

今年六月份的天氣很悶熱，不過還好，前兩天下了一場大雨，稍微涼快了一點。公園裡有很多出來乘涼的人，大部分都是一家子一起出來的，空地上到處都是打羽毛球或是騎自行車的人，籃球場上還有一群學生流著汗正在打籃球。

小草和小芽換上了溜冰鞋，混進人群裡面去了。不管到哪兒，小草這個當哥哥的都很會照顧妹妹，令金曉陽很是欣慰。本來金曉陽沒打算要生第二個，至少在還清債務之前是不想要第二個小孩的，但是老婆不這麼想。她認為家人是無法用金錢衡量的寶貴財產，堅持生了第二個孩子——小芽。現在看來，還是老婆的想法正確，對於現在的金曉陽來說，根本無法想像沒有小芽的生活。

剛坐到長椅上，口袋裡的電話嗡嗡地振動了起來。原來是崔大友打來的電話。

「小金？」

「哎呀，這不是崔哥嘛！怎麼突然想起我了？最近過得還好嗎？」

「哦，我很好。搬家搬得怎麼樣？順利嗎？」

「我們沒什麼行李……差不多都弄完了。」

「需要我幫忙嗎？」

「還沒有需要您出手的事……呵呵，要是有的話一定會拜託您的。」

「今晚有空沒有？方便的話兩家人一起吃個飯吧！」

「啊，正好，我也有這個打算。本來我還想下週邀請您和家人一起過來呢……要不就今天吧。」

「好啊，你幾點方便？」於是金曉陽和崔大友定下了時間地點。

在決定搬家這件事上，最讓金曉陽感激的正是崔大友，要是沒有碰見崔大友，金曉陽大概是沒有辦法這麼快就搬到大房子去的。崔大友看著金曉陽一家重振生活，也很高興。

花錢如流水，賺錢逐水流

金曉陽抬頭仰望了一下天空，在濃濃的烏雲之中，有一絲縫隙，從那個縫隙照下來強烈的日光，這幅景象就像是一個有名的畫家畫的風景畫一樣；微風拂面，帶來生命的氣息，濕潤的土地散發著濃重的芳香，讓人可以聞到花草樹木的生機蓬勃的氣息。金曉陽閉上雙眼，深深地吸了一口氣。

二〇〇四年初夏，聽崔大友說，大趨勢即將到來……

那天，他們倆在下班路上偶然碰到了，就隨便找個附近的車站下車。兩個人坐在公園的長椅上，一邊喝罐裝啤酒，一邊聊各種話題。那個時候的長椅，就是今天金曉陽坐著的這張長椅。那天的夕陽也非常漂亮，堪比一幅美麗的風景畫。

「小金覺得最近有沒有值得關注的問題？」崔大友先打開了一罐啤酒遞給金曉陽。

「嗯，股價在四月份衝到 936 點，又跌回 700 點左右……」

「除了這個呢？」

「油價飆漲，漲到了 30 美元以上，或許會由此引發一些通膨問題？市場預期美國 FOMC（Federal Open Market Committee，聯邦公開市場委員會）要提高現在 1% 的利率？」

「國內情況呢？」

「是啊……韓國銀行好像目前還沒有調整利率的計劃，市場利率貌似在逐漸降低呢。」

「對。拆借利率從去年七月份以後到現在，差不多一年的時間裡，基本維持著3.75%的水準。不過，市場利率一直在下跌……最近我還好好研究了這個問題。」

「哦？您覺得利率會有大幅調整嗎？」

「不，我倒不那樣覺得……最近我個人對利率的興趣比較大。實際上我也在銀行工作過十年左右，但是從來沒有想過韓國的利率會跌到3%的水準。」

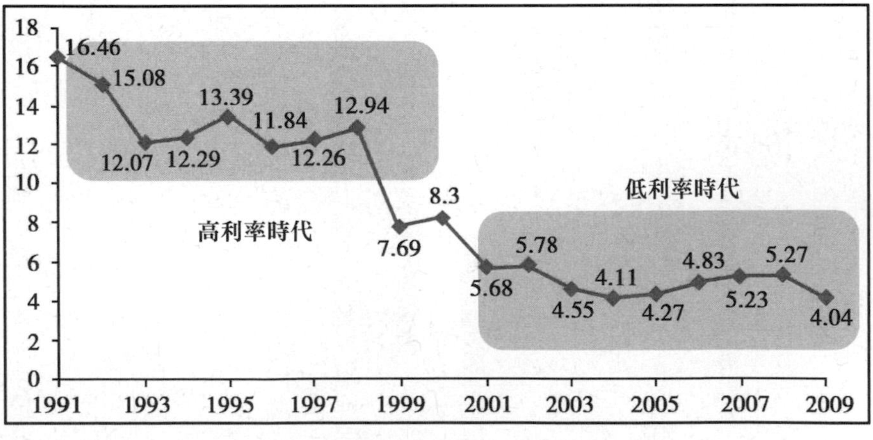

三年期國債歷年平均利率走勢圖

「是啊。以前都是12%到13%的利率，我也不太習慣現在的這種情況呢，呵呵。」

「實際上，利率是最重要的金融指標之一。既然利率變化這麼大，經濟和金融市場是不是也會有較大的變化呢？不管怎麼樣，我越想越覺得不能小看最近的低利率。」

「利率有那麼重要嗎？」

「我們賺錢的時候最重要的指標應該是利率。」

「像最近這種低利率時代，靠利息賺錢基本上沒什麼用……您說的這個利率還有其他層面的意思吧？」

「我當然不是說靠利息賺錢這個層面的問題……我們想要賺錢的話就要知道錢的流向，所以我們可以通過利率的變化，來判斷或推測錢的動向。」

「哦，是嗎？」金曉陽迫不及待地等待著崔大友的下一句話。

「在資本主義時代，看清錢的流向是很重要的。你知道這是為什麼吧？資本主義的基本理念是『追求利潤』，這一點用一句話來說就是『賺錢』。那要用什麼來賺錢呢？那當然就是用『資本』來賺錢。那麼資本又是什麼呢？說白了就是錢。也就是說，所謂的『追求利潤』即是『用錢來賺錢，錢生錢』。所以說，看清錢的流向是很重要的，因為錢會幫你賺更多的錢。如果市場中的錢集中在某一特定的資產上，那麼這個資產的價格會上升；資產價格上漲了，那當然就會產生利潤！」

「這又是挺獨特的解釋呢。」

「其實也沒什麼獨特的。市場經濟的核心思想就是由市場自由地決定資產的價格，而這又是基於供需關係的法則。根據供需關係法則，當需求增加的時候，其價格就會上漲。需求增加意味的是想要這個商品的人多，也就是說他們的錢集中在這一項商品上；換句話說，錢集中到哪裡，哪裡的價格就上漲。」

「哦，是啊，是一樣的意思。」

「在市場經濟中，資本，也就是錢，是很重要的，一定要好好理解錢這個東西；而我們在理解錢的時候最重要的就是錢的價值，也就是利率。實際上，利率是被廣泛應用在判斷經濟行為的標準。」

「經濟行為的判斷標準？」

「沒必要想得那麼難。在市場經濟裡，不管是誰要用錢，都需要支付相應的代價，也就是『利率』、『利息』，不管是你自己的錢還是別人的錢。當你把錢用在某個地方的時候，如果你這錢是借來的，那麼你就支付利息作為借錢的代價；如果這是你自己的錢，那麼你就是放棄了你能通過存款所獲得的利息，這叫機會成本。也就是說，在用錢的時候，比較你通過用錢時獲得的利益和用錢時付出的成本，從中選擇更高的那一個。這個概念不難理解吧？」

「嗯，不過聽起來還是挺理論的，您能給我稍微具體一點的解說嗎？」

「啊？我是不是說的有點太硬了？簡單點想，你同意利率決定了人們的行為吧？比如說銀行利率在1%的時候和在50%的時候，人們的行為是不一樣的。利率跌到1%的時候，人們的儲蓄意願大幅降低，消費需求會增加，而且人們會覺得與其用儲蓄來獲得那麼一點點的利息，還不如用便宜的利率從銀行貸款出來，投資到收益率更高的資產上，這種做法叫槓桿原理，或叫槓桿效果；但是利率要是50%呢？一想到利息負擔，就會被嚇得不敢想貸款的問題了。這個時候人們會選擇儲蓄，因為儲蓄能獲得的利息很高呀。」

「啊……」

「利率變化導致人們的行為發生變化。當這種行為變化積累到一定規模以後，就開始對市場產生影響，引導市場往特定的方向。人們的選擇不一樣，也就是人們是選擇哪一個、拋棄哪一個，錢的流向也會不一樣；因為利率發生變化，所以錢的流向會發生變化；錢的流向發生變化，商品的價格就會發生變化。這樣的話，我們就能找到賺錢的機會啦。」

「比如說呢？」

理解「錢的價值」便能理解「利率」

「嗯……關於利率變化帶來的賺錢機會呢，以後再慢慢說。我們先好好看看利率的問題。要是你理解好了利率這個問題，那對小金你將來的投資肯定能有不小的幫助。首先，在錢的流向變化這個層面上，我談談最近的低利率以及它的影響。」

「好，我聽聽您的意見。」

金曉陽感覺到了崔大友這個人的善良。他說這些理論並不是為了炫耀自己的知識有多豐富，而是為了真正幫助金曉陽去理解知識，並熟練地運用它。

「剛才我說了利率是『錢的價值』。利率上升就代表錢的價值在上漲，利率下跌也就是說錢的價值在下跌；要是市場中的資金不足，那麼錢的價值會上漲，也就是說利率會上漲，借錢的人需要負擔更高的利率；相反，像最近這樣市場中的錢多了，就導致錢的價值下跌，也就是說利率下跌，所以借錢的人只需要負擔很少一部分利息就可以借錢用了。」

「我看最近的房屋擔保貸款的利率跌到了 5% 左右，銀行連中間的手續費都給客戶免了。這也是因為錢太多所以才發生的現象嗎？」

「對啊。亞洲金融危機以前，房屋擔保貸款的利率還是 15% 左右，申請貸款也比較難，因為那個時候錢還是比較少的，想借錢用的人多，但是能用來借給別人的錢卻很少，所以利率就自然而然地上漲了；不過最近的狀況完全相反，市場中的錢都多得花不完，資金流動性太大了，這也讓那些銀行頭痛要怎麼去運用資金，存款一直在增加，但是來借錢的卻又不多，所以銀行和銀行之間開始競爭起來，他們爭先降低利率，甚至到了現在，已經是不能只靠降低利率來爭取客戶的地步了，就連中間手續費免除了。這就是錢多了、錢的價值下跌導致的現象。」

「但是利率並不只是由市場中的錢多還是少來決定的呀。」

「對，還是要回歸到供需關係中來觀察，市場裡的資金量只是看了資金的供給面，我們還應該從需求面考慮。就比如說，即使市場中的錢再多，如果對錢的需求更多的話還是會引起流動性不夠的情況；另外，除了觀察錢的供給和需求外，經濟週期、物價等其他經濟指標也會影響到利率變動。首先讓我們看看經濟週期和利率之間的關係吧。」

利率總是慢一拍

「經濟狀況好轉了，投資增加，消費旺盛，利率上漲；經濟狀況變差了，投資和消費減少，利率就會下跌。是這樣的吧？」

「對。所以說，經濟狀況也是影響利率變動的因素之一。那麼利率是先於經濟變動呢還是後行經濟變動呢？」

「這個嘛……我覺得利率也像股價一樣，是先行於經濟變動吧。要是今後經濟狀況開始好轉了，那麼利率就會提前開始上漲，是這樣的嗎？」

「錯了。利率一般被分類為經濟後行指標。經濟週期在通過最低點，進入擴張通道以後，利率也不會馬上就開始跟著漲，反而呢，利率還會再下跌一段時間，才開始反彈上去。」

「這又是為什麼呢？不太好理解呀。我感覺經濟狀況好轉後利率也應該會跟著上漲……」

「來，我們轉換一下思維。經濟狀況好轉後，對商品消費的需求開始擴大，企業的銷售擴大，企業獲得更多的資金（也就是企業賺了很多錢），是這樣吧？那麼對企業來說，支出會是怎麼樣的呢？銷售額上升了，支出也會相應地上漲嗎？不是的。為什麼呢？因為在前段時間的經濟衰退期，企業積攢了大量的庫存，所以在經濟擴張期的初期，企業並不需要另外擴大生產也能應付初期的產品銷售需求。所以在經濟擴張的初期，企業的銷售（資金流入）擴大不直接聯繫到生產（資金支出）擴大。因此這個時候企業的現金流狀況得到改善，對外部資金（貸款）的需求反而會減少。這樣一來，利率就更要下跌了。」

「那麼在高點的時候會是怎麼樣呢？」

「經濟週期走過高點，進入下跌通道以後，利率還會上漲一段時間。一般過了幾個月時間後，利率才會達到高點，再往下跌……這是因為經濟週期通過高點以後，需求減少，銷售下跌，導致企業流入資金快速減少；另一方面企業的投資或生產活動很難立刻進行調整，比如，我們不能因為經濟週期進入收縮期了就立刻停止工廠的建設，也不能立刻解散在經濟擴張期新設的銷售部門，而且，企業判斷經濟狀況也需要一段時間吧？不管怎麼樣，因為這些理由，在經濟收縮期的初期，企業的資金流入小於企業的資金支出需求，所以企業對外部資金的需求反而會更高，市場中的利率會繼續攀升一段時間。」

「哦，我明白過來了……這麼看來，股價是經濟先行指標，但利率是經濟後行指標呢。」

「對。」

崔大友解下了自己的領帶，放在長椅上。只是解下了領帶，就能感覺到溫度大不一樣。公園裡開始陸陸續續出現來散步、乘涼的附近居民。太陽快要下山了，斜斜的陽光為崔大友他們照出了長長的影子。

物價上漲後更需要錢

「利率的變動因素中有一個重要的因素是物價。你應該在經濟學上學到過利率是經濟成長率和物價上漲率之和這一原理吧？」

「嗯，我想起大學時學過的知識了。物價水準一定的時候，經濟狀況好轉就會導致利率上漲，經濟狀況變差就會導致利率下跌；經濟狀況一定的時候，物價上漲會導致利率上漲，物價穩定導致利率穩定。」

「對。不過你可以不用這種公式性的解釋嗎？試試看用簡單易懂的概念來解釋物價上漲導致利率上漲的理由。」

「這個嘛，讓我想想……」金曉陽稍微停頓了一下，整理起自己的思緒。崔大友在一旁默默地等待。

「物價上漲的時候對錢的需求也會提高，所以利率會上漲，對嗎？」

「對。再具體一點。」

「舉例來說，假設一個蘋果的價格是 1000 韓元，那麼用 10000 韓元可以買十個蘋果。要是價格上漲到一個蘋果 1100 韓元，那麼就需要 11000 韓元才能買下十個蘋果。這樣，對錢的需求也會隨之上漲 10%，利率就隨之上漲了。」

崔大友輕輕地點了一下頭表示同意，金曉陽繼續說：「對於儲蓄的人來說，也是可以按照同樣的邏輯來思考。在市場上支付的利率要等於物價上漲率。人們一般都是在自己的大腦中進行比較，『今天買蘋果呢，還是再存一點錢，等過了一年再買蘋果呢？』只有當一年後買蘋果更划算的時候，人們才會選擇儲蓄吧。也就是說，如果蘋果的價格在一年內從 1000 韓元上漲到 1100 韓元，也就是 10% 的漲幅，那麼利息率必須達到 10% 以上才會讓人們有意願去儲蓄；要不然對於存錢的人來說，過了一年以後就買不到十個蘋果，儲蓄也就沒有意義了。如果蘋果的價格在一年內上漲了 20%，那麼市場的利率要在 20% 以上才能保證一年以後照樣能買到十個蘋果。如果利率低於物價上漲率，那麼誰都不會去選擇儲蓄，而需要用錢的人也會因此處於一種無法借到錢的情況。因此，物價上漲率提高，也就是通膨率上升的時候，利率也會跟著上漲。」

「對，非常正確。不過呢，在現實生活中，雖然物價上漲帶動利率上漲，但是有時為了抑制物價上漲，會提前提高利率。比如，當市場上形成一個較為強烈的通膨預期時，那麼物價上漲會快速地傳播到社會的各個領域中，這個時候政府便會提前提高利率來對應通膨。政府提高政策利率→市場利率水準上漲→企業的融資費用上升，投資需求減少，個人消費也減少→經濟的總需求規模降低→物價穩定。」

「我在新聞上也讀過類似的評論。那個報導是關於 FRB（Federal Reserve Board，即美國聯邦儲備委員會）的利率政策的。裡面說，考慮到最近油價上漲導致的物價上漲，葛林斯潘將會再次提高利率以應對未來的通膨。」

「對。除了物價以外，國際收支也是利率變動的因素之一。小金應該也知道吧？」

「這個嘛……我對經濟週期和物價還學過一點……但是國際金融這一塊就有點弱。」

「想得簡單一些。最近韓國連續好幾年都維持國際收支盈餘對吧？外匯儲備也達到了 1700 億美元。我們國家的國際收支是盈餘，這表示從外國流入我國的資金比從我國流到外國的資金要多。那麼你說說我們國家的貨幣供給量會是怎樣的情況呢？」

「啊，我明白了。流出去的錢沒有流進來的錢多，這樣一來，國內的貨幣供給量就會增加，市場中的錢一多，錢的價值就會下跌，導致利率下跌。國際收支逆差的時候，情況就是相反的。流出去的錢比流進來的錢多，所以利率會上漲。」

「對。還有季節性的因素也會對利率產生影響。比如，春節、中秋節等過年過節的時候，資金需求會一時性地集中起來，利率就會上漲。」

「是啊，每逢過年過節的時候，企業要給員工發獎金嘛。」

金曉陽從塑膠袋中拿出第二罐啤酒。冰涼的啤酒罐上凝著一滴滴的水珠。「啪」的一聲響後，金曉陽咕咚咕咚地喝下涼爽的啤酒。

借錢時間有長短，利率水準有高低

「崔哥，您剛才告訴我，利率變化是後行於經濟變化的。照這麼說來，利率在投資上並不是很重要的指標吧？」

「為什麼這麼想呢？」

「做投資要先於別人一步嘛。」

「哦，你的意思是說，因為利率是事後才會變動的，所以沒有什麼用？這也有道理。很多經濟學家應該是和小金有一樣的想法，所以針對這個問題考慮了很多，最後找到了幾個能運用利率的有效方法。利率是經濟的後行指標，但是利用利率來診斷現在的經濟狀況，也可以預測今後的經濟狀況。」

「您的意思是說，利率既是經濟變動的後行指標，也是同行指標，甚至可以成為先行指標。這怎麼可能呢？從常理推論，這有點讓人無法理解啊。」

「不要單純地只看一種利率的變化，看看每個期間之間的利率差及其變化，你就能發現其中的奧妙。不知道小金你還記不記得，以前你學習債券的時候，應該聽說過期限結構理論或者是收益率曲線這些辭彙吧？」

「嗯，好像聽過，但是我已經不太記得它的內容是什麼了。畢業以後只是一心想學習股票知識，沒有好好學習過債券的知識……」

金曉陽不敢再往下說了，因為說著說著，他突然發現自己依然是在進行著缺乏

「經濟」概念的半調子投資。

「你知道我要說什麼了吧？」崔大友的眼神很溫和，但也意味深長。

「嗯，不知道經濟、金融指標的話，便很難在投資上取得成功；無法靈活運用經濟和金融指標的投資，只是外強中乾的投資而已，雖然偶爾歪打正著能取得一些成績，但從長期來看，基本上都會以虧損告終，這是因為不知道市場的流向，對吧？」

「對，對，正是這樣。不管怎樣，收益率曲線表示的是在特定時點上剩餘到期年限（離到期日為止的時間）和到期收益率之間的關係。比如說我們可以畫一個下面這樣的曲線。」崔大友從地上撿起一根樹枝，開始在地上畫了起來。

「橫軸是剩餘到期年限，縱軸是收益率。到期時間越長，收益率越高。這個時候經濟應該是什麼樣的狀況呢？」

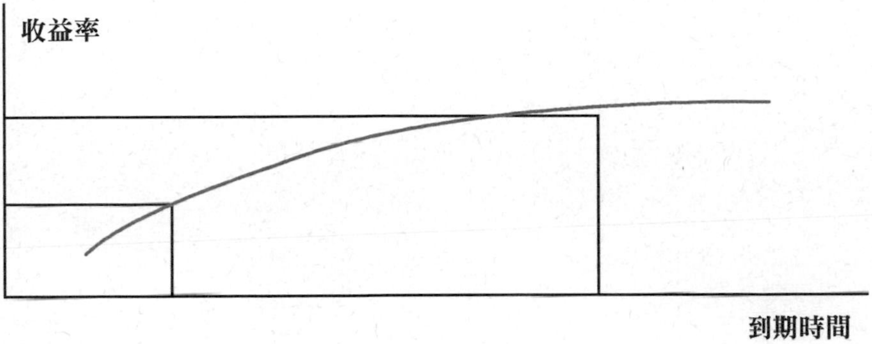

「嗯，我想不出來，能藉由這個圖表判斷經濟狀況嗎？」

「當市場預期將來利率會上升的時候，會出現短期利率低於長期利率的現象；當人們預測將來的利率會上漲的時候，借錢給別人的貸款人和從別人那裡借錢的借款人，他們的心理是不一樣的。借錢給別人的貸款人不想提供長期貸款，更想提供短期貸款來賺取更高的利率；相反地，從別人那裡借錢的借款人，發現將來的利率要上漲，就更希望以長期借款的方式獲取資金，因為現在的利率低呀，如果他以現在的利率簽訂長期貸款合約，就不怕將來利率上漲了。這樣一來，市場上就有很多貸款人希望以短期貸款的方式貸出去，同時又有很多借款人希望以長期貸款的方式借到資金，也就是說短期貸款的利率會維持在較低的水準，長期借款的利率會維持在較高的水準。所以說，收益率曲線是向右上傾斜的。還有，如果像這樣，市場上預測將來的利率要上漲，那麼就說明經濟狀況在好轉。」

「知道了。也就是說，在市場上短期利率低於長期利率的時候，代表市場上預測將來利率會上漲，這種現象會出現在經濟擴張期，對吧？現在才想起來一點以前學過的知識。如果是經濟收縮期的話，也就是說市場預測將來利率要下跌的話，收益率曲線是向右下傾斜的形態吧？」金曉陽拿過崔大友的那根樹枝，在旁邊再畫了一個走勢圖。

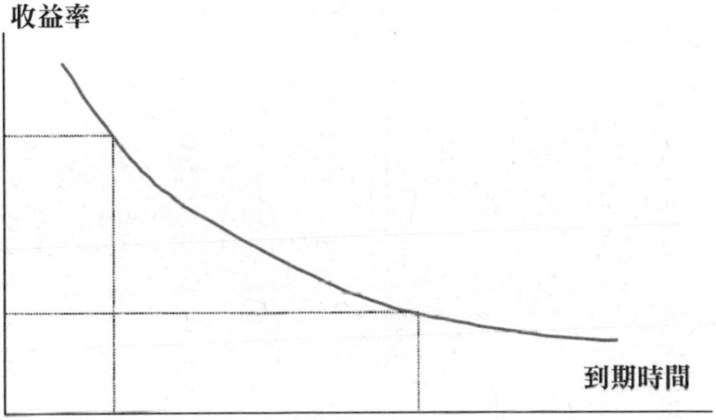

「我來說明一下吧。嗯……市場預期利率將要下跌，所以借錢給別人的貸款人希望在利率進一步下跌以前盡可能地以長期的形式貸出去；反之，從別人那裡借錢的借款人希望等到利率下跌以後再進行下一步的借款，現在的資金需求就用短期借款熬過去。所以市場上，短期貸款的供給小於長期貸款的供給，而短期貸款的需求高於長期貸款的需求，因此出現長期利率下跌，收益率曲線也是向下傾斜的。我說得對吧？」

「非常正確！除了這兩種形式外，還有收益率曲線呈現水平的時候，也就是短期利率和長期利率之間幾乎沒有收益率差異的現象，主要出現在經濟景氣的轉變期，從經濟擴張期轉變為經濟收縮期，或是從經濟衰退轉變為經濟回復的時候。」

「但是我感覺人們好像不太能明顯地感覺到這種利率變化。實際上去銀行看的話，長期利率都高於短期利率呀？」

「對。我們提到利率的時候，人們首先想起來的就是定期存款的利率；定期存款的利率就像小金說的那樣，時間越長利率就越高，這主要是因為，如果不這樣設定利率的話，儲戶就不會願意進行長期存款，所以銀行才會設定這種利率結構——存款時間越長，支付的利率就越高。也就是說，定期存款這種利率結構並不是由市場的供需關係來決定的。我們為了觀察市場而使用的『利率』不是銀行自主地、任意地決定的這種利率，而是債券利率。這種債券利率是澈底由市場來決定的，並且在資金市場上進行交易的，比如，短期利率有CD（轉讓性存款證明）91天期利率，長期利率有國債三年期利率或五年期利率。」

「那麼，短期利率高於長期利率的情況，在真實情況下有可能發生嗎？」

「一般來說，長期利率普遍高於短期利率。但是經濟狀況非常不好的時候，也就是在經濟週期的谷底附近，經常會出現長短期利率的逆轉現象，比如說，像上次二〇〇三年經濟狀況非常不好的時候，五至六月份出現了CD91天期利率超過了國債三年期利率；還有二〇〇一年一至二月份也出現過同樣的情況。」

「哦……那麼我們通過收益率曲線來預測經濟狀況的方法應該沒有什麼太大用處吧？如果只有在經濟狀況非常不好的時候才出現短期利率超過長期利率的現象，那就沒什麼意義了呀。那時候大家都已經知道經濟狀況非常不好了……」

「哈哈哈，你說得也挺有道理。實際上，單純地比較長短期利率的高低，並沒有特別好的效果；更好的辦法是『觀察長短期利率差的變化』，通過觀察長短期利率之間差距的變化——也就是兩者之間的差距是擴大還是減少——來判斷經濟狀況。一般來說，長期利率的變動性比短期利率要大，因此，在經濟好轉的時候，長期利率的上漲速度比短期利率要快。這就造成長短期利率差逐漸擴大；反之，在經濟衰退的時候，長期利率的下跌速度比短期利率快，造成長短期利率差逐漸縮小。事實上，從去年三月份到現在為止，長短期利率差正在迅速縮短，按國債三年期利率和CD91天期利率差來看，去年三月份是0.8%的水準，現在縮短為0.3%。這表示，今年的經濟狀況將會更加惡劣。」

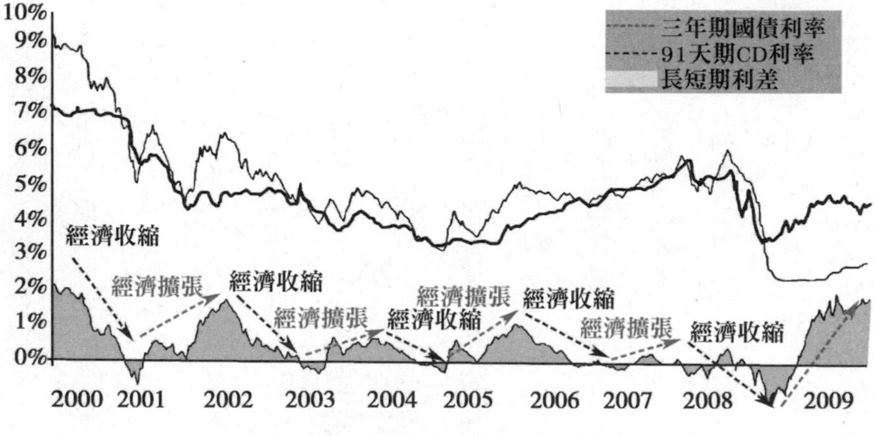

長短期利差圖

「長短期利差的變化走勢居然能預測經濟週期的動向！」

「構成經濟景氣循環週期的先行指數包含很多項目，除了股價指數以外，長短期利差也是其中之一。」

「崔哥，您是把這些指標綜合地運用在你的投資決策裡嗎？」

「那是當然了。這些指標多麼有用啊。實際上這樣的指標是進行投資時最基本的檢查項目。」

金曉陽回想起最近在看新聞時，有幾件使自己感到吃驚的事情。前兩天新聞報導說，美國FRB的利率上漲，預期會導致美國股價在一段時期內出現一定幅度的調整，那時候，金曉陽一邊看著新聞，還一邊不知不覺地點頭；再前幾天，他看到另一則新聞報導，說這一次FRB上調利率實際上是反映了美國經濟的回復和經濟體質的強化，因此股價也會隨之上升。同樣，看著這一則新聞，金曉陽也不知不覺地點頭。對於同一個事件（FRB上調利率），卻有了兩種不同的主張（股價上升和下跌），金曉陽卻覺得兩者都正確——因為對經濟現象沒有自己的主見，所以被新聞評論牽著走，這是很多人都會犯下的錯誤；一直以來，金曉陽以為只要認真讀財經新聞就能理解經濟和市場，但事實上，因為沒有自己獨立的見解，再怎麼看新聞也只像是盲人摸象一樣，當新聞和報紙向讀者報導事物（或事情、現象）的某一面時，讀者就只汲取到這一片面的知識，到最後，讀者只會形成一個非常畸形的視角。

每次跟崔大友聊天時，金曉陽打從心裡感到：對於玩股票的人來說，經濟知識遠遠比股票知識本身重要；而且，在觀察過崔大友的理論與應用方法後，金曉陽驚奇地發現，崔大友運用的理論知識和分析方法，基本上都是自己在大學期間接觸過的——總之，他和崔大友的差距並不在於知識的多寡，而在於如何運用已知知識的能力，也就是運用經驗的差距。

錢的流向發生變化，帶來賺錢機會

「那麼……我們對利率的基本理解就算差不多了，我們再繼續談談更深層的問題。我剛才說到，利率的變化導致錢的流向發生變化，錢的流向改變就會帶來賺錢的機會，對吧？」

「是。對於最近利率的變化情況以及它如何改變錢的流向此一問題，我挺好奇呢。」

「那好，我們來一個一個仔細分析吧。小金，最近新聞報導上經常出現實際利率的報導，你還記得嗎？」

「我記得報導上說，實際利率已經到了負利率的地步。」

「那麼，你應該能區分名義利率和實際利率吧？」

「我知道，按照利率中是否包含物價上漲率，可分為實際利率和名義利率。從名義利率中剔除物價上漲率，就變成實際利率（名義－通膨＝實際）。在實際利率上加了物價上漲率，就變成名義利率（實際＋通膨＝名義）。像定期存款利率、市場利率那樣，我們一般說的利率就是名義利率；如果要使用實際利率，就會特別說明，或者在利率前加上『實際』來強調它是實際利率。然後，透過名義利率可以測算錢的『大小（金額）』變化，透過實際利率可以測算錢的『價值（購買力）』變化。」

「正確。那麼你也能解釋什麼是實際利率變成負利率這個問題了吧？」

「實際利率是負利率，這個問題其實是說明物價上漲率，也就是通膨率高於名義利率的意思。例如，定期存款的利率是 4%，但通膨率是 5%，這個時候實際利率就是 -1%。」

「對，就是這樣。若實際利率是負值，就代表物價上漲率比利率還高，代表藉由利率來獲得的資產增值效果會小於物價上升導致的資產縮水效果；也就是說，如果你有一筆存款，那麼存款的帳面額雖然是增加的，但是這個金額所含有的購買力卻下降了。比如，你存了 100 萬韓元，一年以後帳面餘額是 104 萬韓元。但是一年之內物價漲了 5%，所以你需要有 105 萬韓元才能買得到現在 100 萬韓元能買到的東西，也就是說你的實際購買力下降了。今年，實際利率變成負利率不是因為物價上漲更快，而是因為名義利率下跌幅度較大，這一點一定要注意觀察，這是低利率效應。」

「但是，如果實際利率是負利率的話，也就是指越是存錢購買力越小，那誰還會去存款呢？」

「我想說的就是這個意思。像我們這樣的受薪一族或者是自營的小商人們，都是一分一分省下來拿去存款，再用這筆存款去買房子、給孩子們支付教育費，同時還要考慮自己退休後的養老金。但是像這樣，名義利率趕不上物價上漲或是房價上漲，那麼問題就很嚴重了，因為再怎麼省錢儲蓄，我們離購房的夢也只能越來越遠，而且那些靠吃利息來生活的老年人會因為利率的降低導致生活更加難挨。這些人該怎麼辦呢？」

「是啊……總得有個辦法吧？可能會想著再多存點錢，彌補這部分失去的購買力？」

「如果這種情況一直持續下去，人們的行為肯定會發生變化。如果只靠利息收入卻無法實現購房夢，或無法保障老年後的生活，那麼人們必定會尋找利息收入以外的方法。就像剛才小金說的那樣，勒緊褲帶，節省更多的錢來儲蓄也是一種辦法，是藉由擴大存款基數來提高利息額；但說句實話，對於普通人來說，生活已經是夠節省的了，沒有太多的餘力能增加儲蓄，要想增加儲蓄，就必須減少支出或者增加收入，但這些都有一個客觀條件的限制，並不是想做就做得到的。」

「確實是。就拿我們家來說吧，我們夫妻倆都已經出去工作了，想在現在的收入上再提高收入，幾乎是不可能的；現在的支出也是非常節省，再減少支出恐怕就很難過日子了。」

「既然如此，那就要找到一個代替方案，取代儲蓄這種理財模式……如果是小金的話，你會怎麼做呢？如果現在利率跌得厲害，你通過儲蓄根本無法達到你的理財目標，那麼你會怎麼做呢？」

「嗯……這個嘛，只能是提高理財收益了吧？」

「我是說，你準備通過什麼方法來提高理財收益呢？」

「如果是我的話……雖然我老婆會反對，不過我應該會是選擇股市。」

「房地產呢？」

「照我現在的能力，還不具備投資房地產的能力，所以房地產還不能放進代替方案裡吧；當然了，只要我有那個資金實力，那麼房地產也是一個不錯的選擇。」

「我的想法也和小金差不多。那你覺得其他人會怎麼想呢？」

「我覺得大家都差不多吧。不管受薪一族還是自營的一般生意人，普通人的情況不都是差不多嗎？」

「是吧。好，那我們來整理一下我們剛才的內容。」

投資處處是風險，務必選擇正確的投資手段

崔大友稍微停頓了一下，再次打開了他的話匣子。

「小金也應該很清楚，我們能舉出來的投資手段基本有三種：第一是存款（或是債券），第二是股票，第三是房地產。到目前為止，最普遍的理財方式是存款，也就是利息投資；房地產對於富人來說是投資標的，但是對於一般民眾來說只是為了買房子住，而不涉及投資的層面；股票投資則是一般人比較生疏的，社會風氣會比較排斥投資股票的作法，有的人甚至把它當成像賭博一樣，是碰不得的……不管怎麼樣，像以前那樣利率較高的時候，選擇利率投資（也就是存款）這種理財方式一點也不是問題，但是到了最近幾年，利率快速下降，而且像現在這樣利率基調長時間維持不變，會導致很多人都無法達到自己原先的理財預期目標。」

崔大友緩了一下繼續說：「這是一個很嚴重的問題。如果選擇傳統的存款方式，那麼雖然能保障本金，但是他的購買力會越來越低，整個人生的財務危機會越來越嚴重。像股票或者房地產投資，雖然有虧本的風險，但是能期待較高的收益率，

因此實現預期理財目標的可能性就大大增加。話說回來，假設我們或其他普通人現在只能選擇一種理財方式，那麼你覺得是選擇存款這種方式呢？還是選擇股票、房地產這種方式？是要拿自己人生的財務風險做投資呢？還是要拿自己的錢——自有資金的風險做投資呢？」

「我好像明白您的意思了。您是說，為了避免整個人生的財務風險，我們應該把資金從存款中抽出來投到收益率更高的股票、房地產市場。」

「如果這個人已經理解了低利率的風險，那麼他肯定要這麼做，這是沒有選擇餘地的！只有先轉移和後轉移之分。資金從存款中抽出來，湧進股票和房地產市場的事情是無可避免的；而且，即使不像我們現在這樣強調低利率的風險，也還是有很多人選擇了投資股票和房地產，為什麼？因為資金的天性就是追逐利益，所以到最後，收益高的項目上自然會匯集來自各方的資金。」

金曉陽回想了一下崔大友的話，真是意味深長啊。

「我再整理一遍吧。像現在這樣，低利率一直持續下去的話，人們的行為肯定會出現變化。他們會尋找利息收入以外的收益來源，這麼一來，資金就會從存款或債券中流出來，轉而進入股票和房地產這種高收益的市場；像這樣，資金持續地流進股票和房地產市場，那麼股價、房價上升是必然的結果。而且，現在利率下跌，這更會讓一大批人選擇去貸款來進行股票和房地產的投資。」

「原來『低利率』這個變化造成社會上的資金從存款中流出來，轉而流進股票和房地產市場，推高了這些資產的價值……照這麼說來，崔哥剛才提到的『機會』就是在股市和房市裡了……」

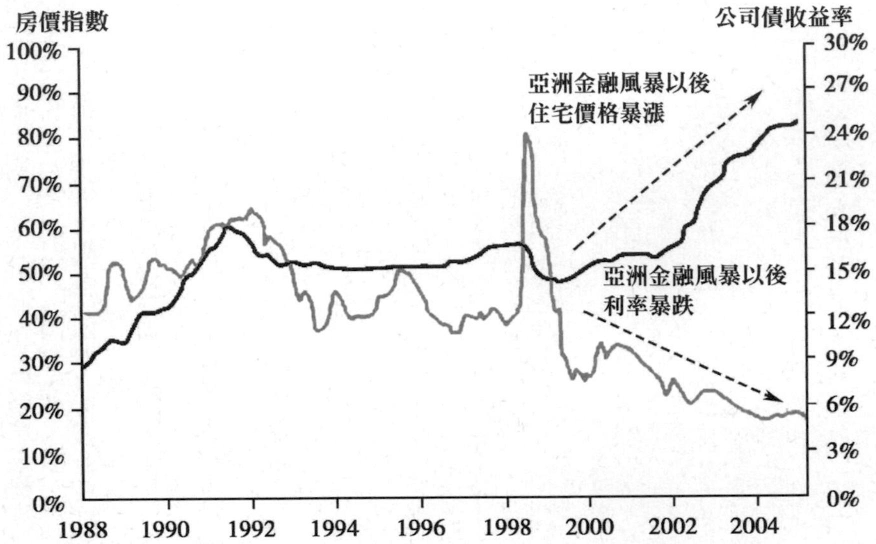

房價指數和公司債收益率

黑線：房價指數　色線：公司債收益率

「如果像現在這樣一直持續低利率的話，資金會流進股市和房地產市場，使資產價格迅速地攀升吧……」

金曉陽認真地聽完了崔大友的話後開始回想，最近幾年，房地產市場，尤其是住宅價格上漲的速度確實令人望塵莫及。二〇〇三年以後，雖然也有很多抑制房價的政策出爐，但人們仍是只能驚恐地看著房價上漲，討論著是不是需要趁現在趕緊買房子。

金曉陽和老婆也是如此，看著最近房價節節攀升而束手無策。這段時間，他們倆辛苦的工作，努力的存錢，準備有朝一日搬回一間大房子去住；但是房價上升的速度卻遠遠超過了金曉陽夫妻二人的存款速度。現在想來，當初為了還債賣掉房子實屬不該，亞洲金融危機以後韓國的利率一直在下降，房價卻一直在上漲，「如果像現在這樣的低利率一直持續下去，我是不是永遠買不起房子了啊！」金曉陽的心情無比複雜，無比鬱悶。

房價上漲是必然趨勢

「崔哥，我明白了低利率會導致資金從存款流出，轉移至股市和房地產市場……但是將來利率再上漲的話，情況又會發生變化吧？」

「這是一個很好的想法，小金。當然了，低利率的狀況維持到什麼程度，將會決定今後資產價格的變化；如果利率再次回到像以前那種高利率時代，那麼房地產市場的上漲勢頭也會結束，轉而進入下跌通道。不過呢，我們在討論將來是高利率還是低利率之前，應該先來探討一下如何判斷高利率和低利率的問題。」

「判斷高利率和低利率該不會是有什麼特殊的判定方法吧？」

「當然沒有。一般來講，2% 是低利率，8% 是高利率，這個判斷是相對公認的看法，不過當利率維持在 5% 左右時，我們就很難判斷這是高利率還是低利率了。總之，雖然沒有什麼特殊的方法來判斷利率的高低，但是我們可以通過觀察市場參與者的反應來判斷利率的高低。低利率是利率投資者（比如存款客戶們）不滿足的利率水準，高利率是利率投資者滿足的利率水準。如果資金從存款流向股市或者房地產市場，那麼我們就可以判斷這是低利率；反之，如果股市和房市下跌，這些資金回流到銀行存款，那麼我們就可以判斷這是高利率。」

「是啊。」

「現在，我們再回到剛才小金提的問題上。將來我們國家的利率會怎麼變化呢？是維持現在這樣的低利率呢，還是再次回升到以前那種高利率呢？小金你覺得呢？」

「這個嘛……像最近這種環境的話，我感覺還要再下跌一陣。說實話，我還真的不太清楚會變成什麼樣，以前是12％左右的利率水準，但才沒過幾年，現在就跌到了4％左右。這個變化實在是令人無法相信呢。」

「我們一起來分析分析。你覺得如果利率要回升的話需要什麼樣的條件？」

「利率要上升的話，首先需要錢的價值上升，也就是錢變成稀少物品，或者是市場中的流動性減少，或者是資金需求增加。」

「那你覺得什麼時候資金需求會增加呢？」

「那當然是在經濟狀況好的時候吧，也就是經濟擴張期。」

「那什麼是經濟狀況好的時候呢？」

「經濟狀況好的時候，也就是個人消費增加，企業投資增加的時候。」

「就拿經濟成長率來說的話，是經濟成長率高的時候呢還是低的時候呢？」

「啊！我明白了！」

崔大友露出滿意的表情，他繼續等金曉陽的下一句話。「應該是您以前說過的那些吧？隨著我們國家的經濟發展進入已開發國家型的低成長模式，國民收入提高，人力費用迅速攀升，國內投資減少，最後經濟成長率下降。也就是說，我們國家成為已開發國家以後，很可能掉進結構性低成長的陷阱，進入低成長的發展模式後，資金需求減少，最後還是會維持低利率吧。」

「對。就像我們的預想一樣，如果韓國的經濟進入低成長發展模式，並固定在這一模式上的話，那麼很有可能會維持現在這樣的低利率。」

「這麼說，從今以後房地產價格還會繼續上漲嘍？」

金曉陽的表情掩飾不住他心中的失望，崔大友看到後，笑著說道：「當然了，股價也會上漲的。近二十年以來，韓國股價指數一直沒有突破1000點大關，我估計很快就會有一波大漲，一舉突破1000點關口。」

「大漲？今年四月份股價突破過900點後還是沒有後續力量跟進，感覺很疲軟呢，最後還不是跌回700點附近了嗎？」

「我雖然無法準確預測什麼時候會出現大漲，但肯定會來的。這是必須的。」

「是吧。這個股價大漲總有一天會來的吧……」

「有點自信啊！相信我們剛才得出來的結論吧。今後韓國只能走向低成長模式，低成長必然帶來低利率，低利率必然帶來股價和房地產的上漲；要是銀行利率不盡如人意的話，那麼資金的去處也只有股市和房地產吧！」

「那要是房地產價格上漲的話，是大戶型漲得多呢？還是小戶型漲得更多呢？」金曉陽貌似對房價更敏感。

「我覺得這個問題也能用利率來回答呢。」

「怎麼解釋？」

「如果低利率一直持續的話，貸款利息負擔會減少的吧？相較亞洲金融危機以前，現在貸款利率已經跌到那時候的三分之一左右，這代表人們的貸款負擔能力提高了三倍，例如，原來貸款利率是15%，那麼1億韓元的貸款一年要支付1500萬韓元的利息；而現在的利率是5%，那麼3億韓元的年息也才1500萬韓元。也就是說，利率下跌了多少，貸款負擔能力就提高了多少。」

「那也就是說，人們能申請和負擔的貸款額更多了，買得起更大坪數的房子了。是這意思嗎？」

「對。我大家都喜歡大房子嘛。利率下跌，降低了利息負擔，人們能買得起大房子，因此大戶型的需求會更多。」

「換句話說，大戶型的價格會漲得更多了。」

「嗯，反之，如果利率逐漸上升的話，中小戶型會比大戶型更搶手。」

金曉陽臉上浮出了一絲驀然醒悟的神情。崔大友明白金曉陽心裡在想些什麼。

「小金，你也別太消極。房地產價格雖然從二〇〇〇年以來漲了很多，但還沒開始真正地漲起來。股市一旦進入上升通道，它的上漲幅度肯定不亞於房地產市場。你還有很多機會！」

積少成多，普通人的小錢也可以改變歷史

「您說，這波大漲真的會來臨嗎？過去二十年來都不曾出現過……」

「股價指數突破四位數的時代肯定會來的，而且這一次突破 1000 點後，你不會再看到 3 位數的。」

「呵呵……因為以前有過那種經驗吧，那幾年很多人在股市裡虧了鉅額資金，要麼自殺、要麼露宿街頭，我也包括在內呢。炒股失敗真是敗家的捷徑呢……」

「小金，沒想到你還挺幽默的。」

「哦，倒也不是。剛才聽崔哥說起股市大漲，就想起了二〇〇〇年的IT泡沫……那個時候根本不知道怎麼回事，就糊里糊塗跳進股市，結果就變成今天這樣了。」

「沒必要想得那麼悲觀，少年吃苦千金難買嘛。小金那個時候的失敗經驗，說不定給你帶來了一生的寶貴教訓呢。人生誰沒有失敗過？多多少少都有過跌倒的經歷，而且這種失敗只能趁年輕的時候經歷一下，至少還有機會再站起來。想開點！」

「也只能這樣了。現在也沒辦法回頭……不好意思，崔哥，把氣氛搞得有點沉重了。」

「呵呵，別擔心！」

夜色已經降臨，公園的路燈照亮了整個小公園。金曉陽的心也需要一道明亮的陽光指引他走出困境。

「那個……股價大漲真的會來嗎？現階段我還真沒看人這麼說過，說實話，我也覺得股價指數突破 1000 點是件難事。」

「你可以這麼想，股市在過去二十年中一直積蓄著這次爆發的力量，或者在過去二十年的土壤中終於要開花結果了。過去二十年，散戶們散在股市裡的錢，終於有機會賺回來了。」

「這要是真的實現，那該有多好啊。」

「小金，這個世界正在發生變化，你不能用過去的思維來看待未來，過去就讓它埋在過去吧。我們是投資現在和未來，而不是過去，過去怎麼樣並不重要，真正對我們重要的是現在的狀況和將來的預期；亞洲金融危機以後，韓國已經發生了根本性的變化。」

「哈哈哈哈！」

「那麼，崔哥您認為股價指數會漲到什麼程度呢？1500點左右？」

「怎麼，您在笑什麼呀？」

「小金，你太小看股市大漲了。」

「沒有啊，我已經預測得很大膽了呀。」

「咱先不說它能漲到多少點，先看看在低利率時代，韓國股市發生了什麼樣的結構性變化。」

「低利率導致的韓國股市結構性變化？」

「小金，你聽過定期定額投資基金（定投基金）吧？」

「嗯，這個我知道。上下班的時候常看見證券公司的人在發宣傳單。」

「那你也應該知道什麼叫定期定額分割投資法囉？」

「嗯，他們發的宣傳單上寫得很清楚，就是每個月固定投資一定金額的方法，因為是分成多次的分批投資，所以能有效避免風險；而且在股價便宜的時候多買進，股價貴的時候少買進，這就使得整體平均買入降低。」

「對，非常正確，所以小金你有參加定投基金嗎？」

「沒有耶，我們家是我老婆管帳，除了我炒股用的那點資金以外都歸她管，所以我從來沒想過要找一個新的投資管道。」

「那你身邊的人對這種投資方法是怎麼想的？」

「好像大家對這個定期定額基金挺有興趣的，我的幾個同事都有買，現在他們是一半存款，一半定投。」

「你看吧，人們就是不會滿足於現在的利率水準，或者說，現在的利率水準根本無法實現人們的理財目標；所以，現在慢慢開始有人冒著風險，打算提高自己的理財收益率了。這個定投基金應該就是能改變我國股市的原動力。」

崔大友這次拿出了一個小本子用原子筆畫了下面的圖表。

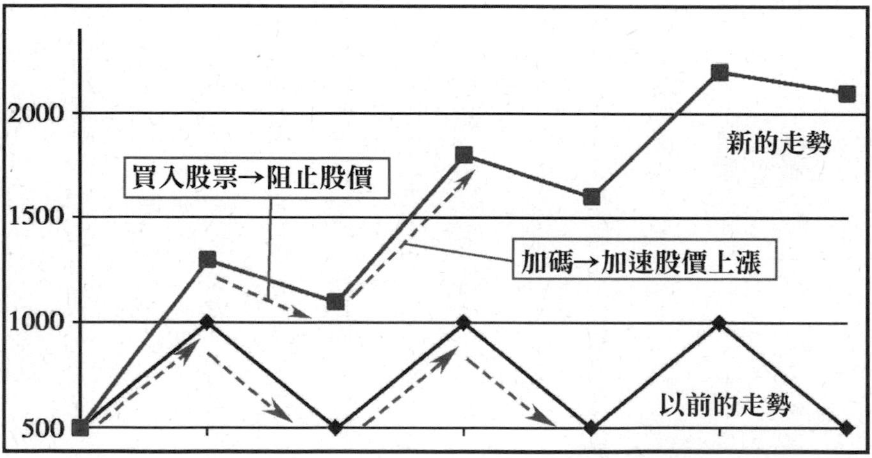

「過去的股市投資是在低點買入，在高點賣出，也就是買賣時機的影響程度很大，尤其是在 500 點到 1000 點反覆漲跌的區間內，這種買賣時機是非常重要的；與其長期持有，還不如在 500 點處買入，在 1000 點附近賣出，所以大家都在 500 點附近買進，1000 點附近準備賣出。雖然外資、機構、個人的買賣時機都不一樣，但是這種 500 點買進、1000 點賣出的規則一直被大家默認為韓國股市的基本變化方式，誰都沒有能力對抗股市的這種走勢。」

「對，每次都是外資最先開始買進，然後是機構，最後才是散戶。下跌通道上也是同樣的情況，散戶每次都是走在最後，所以散戶只有虧損……」

「這種流向應該是會改變的……定投基金一旦開始運作起來，這種市場的默認規則將會被打破。定投基金是典型的平均成本效益的運用方式，它不管股價的變動，在長期內分批買入股票，不會因為股價指數上升到了一定程度就開賣。因此我們可以判定，只要這種定投基金的資金一直流進韓國股市，那麼韓國股價指數就會一直上漲；這種定投資金的買進股票方式，會從根本上改變股市的大趨勢。定期定額的資金一直流進股市，會消化掉那些賣出來的股票，減輕股市下跌時的力道；反過來說，股市上漲的時候，又會作為股市上漲的進一步推動力。所以說，定投基金進入到韓國股市以後，韓國股市的走勢圖會維持『向右斜上』的曲線，跌得少、反彈多，股價走勢會自然地、持續地上漲。所以我先前說的，股價指數的大漲就是從這邊開始的。」

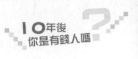

聽著崔大友的話，金曉陽不由自主地咽了口口水，因為他周遭的很多同事人也都開始參與了定投基金，他也想過要說服老婆去申購定投基金，說實話，光是靠定期存款的利息還真是不夠呢。

「崔哥，您說這個定投基金真有那麼大能量，大到能改變股市的大趨勢？」

「我不是說了嗎？現在對於普通民眾來說，如果沒有其他投資管道，最能有效運用手邊那麼一點點剩餘資金的方式就只有定投資金。你想想，如果大部分韓國國民都用自己那麼一小點剩餘資金投資到定投基金上，那麼這個總量將是非常可怕的能量。」

金曉陽沒有作任何反駁。他感到自己的心跳開始加速。

股價指數10000點不是夢

「你問我股價會漲到什麼程度，是吧？」

「是啊。」

「我想說，你心裡等著10000點吧！」

「啊？10000點？」

「怎麼，10000點太離譜了？感覺不像是真的嗎？」

「您是根據什麼原因才判斷股價指數會漲到10000點呢？」

「我不是說股價指數肯定會漲到10000點，我的意思是要你的夢想再大一點。也就是說，『上漲大趨勢』就像其辭彙一樣，這是一個非常大規模的上升通道，我們到現在所經歷的二十年左右的漲跌通道肯定是無法實現10000點的，但是小金，你知道美國的道瓊指數也曾有過同樣的二十年嗎？在這段時期內，道瓊指數也是在500到1000點區間內反覆漲跌。」

「您說的是道瓊指數嗎？我是頭一回聽到呢！」

「道瓊指數從一九六〇年代初期開始到一九八〇年代初期為止，大概二十年的時間內，在500到1000點的區間內反覆漲跌，在一九八三年突破1000點以後，到一九九九年為止一直漲到了10000點。在這裡，重要的不是道瓊指數漲了十倍以上，或是說它達到了10000點；而是說，一旦大趨勢形成後，這股力量便會持續很久，而且爆發力很強。美國股價指數在突破區域後，在其後的十六年間一直上漲，也就是說，一旦股市開始往某一個方向發展後，那麼不管這個是上升通道、下跌通道還是漲跌區域，都會持續十年以上。也可以說，這是一種慣性的規則吧。」

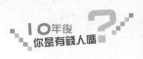

「所以我們國家的股市一旦進入大趨勢通道以後，也會持續十年以上的上漲？」

「對，就是這個意思。在這段期間內，它能漲到多少呢？其實我也不太清楚，但是這一次到來的大趨勢上升通道至少能獲益百分之幾十，肯定不是那種小高潮，少一點的至少也有三四倍利潤，多一點的甚至幾十倍利潤都有可能發生。」

「您是要我對股價的最高點抱持一個宏大的理想吧，所以才跟我說10000點。」

「對。如果股價指數漲到1500點，那麼你的收益是兩倍；如果股價指數漲到

10000點，那麼收益將是十倍甚至是幾十倍。目標股價不一樣的話，你的投資行為肯定也不一樣吧；不要只顧眼前的利益，多看看遠處，多看看高處，你就能獲益很多倍。」

「按照您的說法，之後十年內，我們國家的股市還真是個有魅力的股市呢。」

「是啊，只要定投基金和低利率一直維持著，那麼這種股價的上漲趨勢應該不會發生重大的改變。」

金曉陽好好回顧了一下崔大友的話，他在崔大友的言語中看到了新的希望。想想看，如果是十年的上升通道，就是到二〇一五年為止；如果是十五年的上升通道，那麼是到二〇二〇年為止！股市能讓金曉陽享受這麼長期的收益嗎？當然了，在這個過程中肯定會出現上下反覆漲跌的情況，如果沒有自己獨立的見解或者沒有一個明確的展望，那麼很容易就會被淘汰。

長期看眼光，短期用手段

「都已經九點了。小金，我們差不多該回去了。」

「嗯，好的。」在這樣一個涼爽的夜晚，崔大友和金曉陽肩搭肩地慢慢往家的方向邁開了腳步。

「最後我想對小金說說股價和利率關係的最後一點，這一點是很多人都疏漏掉的。」

「是什麼呢？」

「小金你所知道的『股價－利率』關係應該是負相關的關係吧？也就是說，利率上漲股價就下跌，利率下跌股價就上漲。」

「是啊，這不是基本常識嗎？就像崔哥你剛才說的，低利率會導致股價進入大型上升通道。」

「對，沒錯。但是利率和股價之間的關係雖然有負相關關係，但有時候也是正相關關係。不要忘了這一點。」

「這是什麼意思呢？」

「我們看待經濟問題的時候，一定要分短期和長期的視角。如果我們在看『股價－利率』關係的時候，是按照長期利率來進行比較的話，那麼利率和股價確實呈負相關關係，也就是投資增加↓長期利率下跌↓企業投資成本下降↓經濟擴張↓企業業績好轉↓股價上漲。」

「所以您是說，從短期來看，股價和利率是呈正相關變動的？」金曉陽感到很不可思議。

「這個嘛……怎麼解釋好呢？從現在的市場狀況來看的話，利率在上升通道就代表現在經濟狀況不錯，經濟狀況不錯就代表企業的業績不錯，所以股價就只能是在上升通道。怎麼樣？這樣解釋的話，就能解釋為什麼股價和利率是呈正向變動了。經濟不錯的時候利率上漲，股價也在上升通道。」

「好像是這樣耶，不過還是似懂非懂的。」

「實際上，分析一下最近的股價和利率的關係，就能發現短期利率和股價之間會呈現出正向變化的趨勢；倒是長期利率和股價之間的反向變動關係卻沒有那麼明顯。」

「是啊……我剛才聽了崔哥的解釋後是有稍微明白一些，但是怎麼也感覺不到股價和利率在短期內是正向發展，在長期內又是反向發展的趨勢。感覺有點模糊。」

「好吧，我用圖表來說給你聽。」崔大友站在原地，從上衣口袋裡拿出了他的記事本和原子筆，畫了一個圖表。

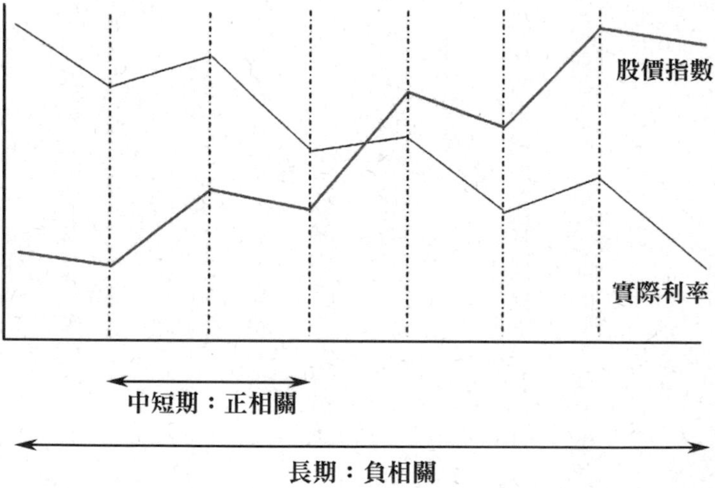

利率和股價之間的關係

「怎麼樣？看到這圖表以後就能稍微理解了吧？你可以分幾個區間來思考這個問題。在一個短期的區間內，股價上升的時候利率在上升，利率下跌的時候股價也在下跌，這兩個指數在向同一個方向變動；但是從長期來看，利率是在反覆漲跌的過程中逐漸走低，股價在反覆漲跌的過程中逐漸走高。是這樣吧。」

「嗯，是啊。短期內是正方向變動，但是長期上是反方向變動。我終於明白了！」

「實際上，你要是看股價和利率的資料，就能一眼看出其中的奧妙……不過由於現在手頭沒有資料，回頭我再寄給你，你記得自己分析一下。」

「好，太感謝您了，我也想早點看到那個資料。」

「不管怎麼樣，最重要的是你在投資的時候一定要把長期和短期的走勢區分開來，分別進行分析。長期的股價和利率的關係是反方向變動關係，但在做短期決策的時候卻要想到股價和利率之間存在的正向關係。所以小金你在考慮長期股票投資比重的時候，必須考慮到利率和股價之間的負相關關係；但如果你要考慮中短期的比率調整，例如說透過經濟的變動或是利用股市蕭條（或過熱）來做短期操作，那麼你就要靈活利用利率和股價之間的正相關關係。」

「您告訴我的這一點真是太重要了！」

投資就是投資現在和未來，投資就是投資大趨勢

金曉陽和崔大友談過後，明白到所謂的「大趨勢」是肯定會來到的，一想到這裡，金曉陽就下定決心，要把定期存款拿出來投資到定投基金上去。老婆一開始聽到這話的時候，果然暴跳如雷，但是當金曉陽帶著老婆來見崔大友，並聽了崔大友的詳細說明以後，老婆就明白了——定期存款一年3%的收益率，根本無法保障他們的人生，也無法實現他們的購屋夢！

後來，他們就把付房租後剩下的2000萬韓元和這幾年辛辛苦苦賺來的5000萬韓元都投進了定投基金。這個時候的股價指數是700點左右。

金曉陽的心情很複雜，他開始祈禱上天保佑，千萬要讓崔大友的預言實現、每天盼望著這個上漲大趨勢快點到來、祈禱著房地產價格不要再上漲、祈禱自己能還給老婆一間公寓……

第二天，崔大友用電子郵件把利率和股價之間關係的資料寄了過來。就像崔大友說的一樣，利率和股價之間的長期性關係確實是不太明顯的負相關關係；而短期利率和股價之間的相關關係卻是明顯的正相關關係。從那之後，他每個月都及時下載最新的統計資料，完備自己的資料庫。

從長期的視角來比較實際利率和股價之間的走勢，利率和股價之間的負相關關係並不是那麼明顯。從二〇〇〇年到二〇〇九年為止的長時段來看，實際利率從8% 左右下降到了1.5% 左右，股價指數卻是從1000 點上漲到了1600 點；以結論而言，驗證了長期利率和股價之間存有負相關關係。

不過，如果把整個期間劃分為幾個具有代表性的區間，就可以輕易發現股價和實際利率之間在短期內呈現正相關關係的現象。比較漲跌區域內的利率和股價之間的關係就會發現，利率下跌的時候股價也會下跌，利率上漲的時候股價也在上漲，呈現出正向變動——就像崔大友說的一樣！換句話說，從中短期的視角來看，利率上漲的時候是應該買進股票而不是賣出股票。

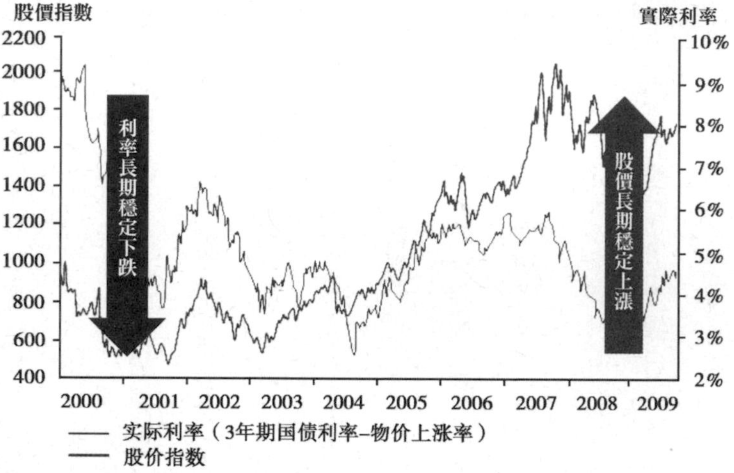

股價指數和實際利率之間的關係（長期）

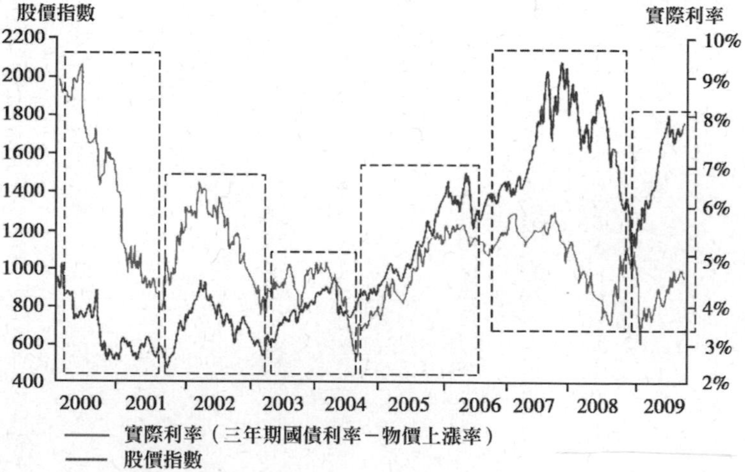

股價指數和實際利率之間的關係（中短期）

二〇〇四年對於韓國來說是躁動的一年，年初一開始就發生了總統彈劾事件，整個二〇〇四年無論是經濟還是政治方面都是比較混亂的一年。史上最低利率和出口擴大也沒有讓企業們起死回生，因為企業的僱傭減少，失業率一直居高不下，個人消費需求連續出現負成長，經濟衰退的程度非常嚴重，房地產市場在政府各種強硬的抑制政策下從二〇〇四年夏天開始進入了下跌通道。對於沒有房產的金曉陽來說，這多少還算令人安慰。

在這一期間內還有一件事，也就是股價的上升讓大部分人感到無法理解。依大家所感受到的經濟衰退狀況而言，股價應該會在 500 至 600 點的區間，但實際上二〇〇四年年末的時候股價指數卻達到了 900 點左右。說不定崔大友所說的那個變化已經開始了呢！老婆雖然感到不安，但是也很關心股價的變動。

二〇〇九年……

「嗡嗡……」口袋裡的手機突然振動了起來，是老婆打來的。「親愛的，你在哪裡？」

「呃，我在商場附近的公園呢，你都挑完了？」

「嗯，我自己用的都已經挑完了。就是找不到你說的那個電視機型號……」

「好，我知道了，我帶著孩子馬上過去。然後晚上跟崔哥他們一家人一起吃頓晚餐，沒問題吧？」

「正好，我也想著什麼時候請他們過來吃頓飯呢。」

「我現在就帶著孩子們過去。」

你不可不知的理財祕密

★ 不管是誰，使用資本的時候一定要支付「利息」，也就是「利率」。如果這筆錢是從別人那裡借來的，就要向他支付利息；如果這筆錢是自己的錢，就需要支付機會成本。

★ 利率是經濟的後行指標，但是長短期利差是經濟先行指標之一。若長短期利差擴大的話，就可以判斷經濟狀況將會變好；長短期利差變小的話，可以預測經濟將會進入衰退期。

★ 利率變化會帶來錢的流向變化，錢的流向發生變化就會帶來價格的變化，這樣就出現賺錢的機會。

★ 實際利率如果是負利率，那麼越是存錢，資產的縮水就越嚴重。資金有追逐利潤的特性，因此要是低利率一直持續下去，或是實際利率變成負利率的話，存款的人會減少，投資股票和房地產的資金則會增加，資產價格開始上升。

★ 利率下跌會使人們能夠承擔更多的貸款，因此，對大房子的需求會更多；反之，如果利率上升，利息負擔開始上升，中小型的房子會變得搶手。

★ 已開發國家特有的結構性低成長必然導致低利率，低利率必然導致股價和房地產價格的上升。

★ 定投基金的不斷流入會消化掉股價下跌時候吐出來的賣出股票，減少股價指數下跌幅度；反之，股價上升的時候作為追加力量來作用於市場，增加股價上升幅度。在這種情況下，股價走勢會向右上傾斜。

★ 實際利率和股價在長期上呈現出反向變動關係，但是在中短期內則呈現出正向變動關係。

CHATPER 4

第四章

轉向思考，錢原來可以更值錢

絕對不能只用一個經濟指標來判斷你的投資決策！匯率是相對價值的概念，弄懂了這個概念，就會明白匯率的每一輪起伏，都可能是一次賺錢的機會。這同樣需要更加清晰的投資大局觀念。

隨著 **KOSPI** 又一次超過 **1000** 點的大關，金曉陽的投資本金開始大幅增長；但又因為韓元升值等因素導致國內經濟狀況並不被看好。在和崔大友的交談中，金曉陽對匯率有了更進一步的瞭解。同時，給家人換一間大房子的願望也越來越強烈了。

二〇〇九年……

豬排骨在炭火的燻烤下嗞嗞作響，可能因為是假日吧，烤肉店裡來了很多客人，入口處還有一群客人在排隊候位。烤肉串發出一陣陣令人著迷的香味，已經吃飽飯的孩子們在烤肉店附近的空地玩耍。同年齡的小草和真赫在踢球，跑來跑去，汗流浹背；崔大友的大女兒小熙和小芽一起蹲在草坪上，摘著漂亮的花朵。

金曉陽夫婦和崔大友夫婦聊得很開心。

「大嫂你真有福氣，能跟這麼一個厲害的理財高手一起生活，想必生活得很不錯吧。」尹智慧——金曉陽的老婆這麼說道。

崔大友連忙搖搖手說：「呵，我好像常和別人澄清這回事，老實說，好的選手和好的教練是不同的，您沒聽說過和尚不會自己剪頭這句話嗎？我可能是不錯的教練，但我真的不是一個優秀的選手。賺錢這件事，我看小金比我厲害多了呀。」

「對呀，我看也是。我們家這位啊，給自己客戶理財的時候跟神人似的，但換做是自己的錢，就變了個人似的，根本賺不了多少。我覺得啊，嫁人還得找理專的客戶，不能找理專本人。」聽崔大友的老婆金貞熙這麼一說，大家都笑開了。

「崔哥的想法其實是很明確的，也是很堅定的。他以前跟我說過，『想自己賺錢的人基本上都不能管好客戶的資金。要是有了自己的私利私欲，就會失去客觀的視角來觀察問題』。我覺得崔哥真是一個很厲害的人。」

「這點我也承認。他這個人的缺點吧，就是太過於強調原則，一點私心都沒有。」雖然嘴上說是缺點，但是金貞熙一想到自己的老公，就感到無比的自豪。

「來來來……別總是拿我們開玩笑了。今天天氣也不錯，我們出去散散步，消化一下晚餐吃的東西吧。」

今天的聚會大家都感到很快樂，金曉陽和尹智慧洋溢著搬家的這份喜悅，崔大友夫婦稱讚他們這好不容易熬過來的堅持，兩家人一同分享了將來的夢想和計劃。

今天，小草和小芽也玩得很開心，嬉鬧個不停。

不管多苦都要養好孩子

「大嫂，這日子過得可真快呀，一晃眼我們認識都已經過了七年了。」

「是啊，我們剛開始認識時，小草和真赫都還是小鼻涕蟲呢，呵呵。」

「是呀，這麼快就長大了，還真希望他們長得慢點呢。」

「你這媽媽，想要的還真多呢。」

「哎呀，是呀。」

「其實我也一樣，有時候還會想再生一個孩子呢，呵呵呵。」

「那就再生一個吧，你們家還有餘力養孩子嘛。什麼也別管了，想要就生一個吧。」

「哎呀，我只是說說而已，可沒想過要真的再生一個孩子呢。現在生下來，那得到什麼時候才能養大呀……有現在這兩個就足夠了。哦，差點忘了，這次真的要恭喜你呀。這段時間很辛苦吧？孩子們也是。」

「辛苦倒不至於，其他人也都一樣呢。我覺得沒什麼，現在最開心的還是覺得對得起孩子們了。以前，孩子們每次說要搬到大一點的地方，我都說下一次、下一次，不知道有多對不起他們。」

「是啊，先前碰面的時候，我偶爾看見小草不太開心的樣子也覺得挺難受的。小傢夥們想的事還挺多的呢……」

「現在的孩子們跟我們小時候不一樣了，才讀幼稚園就已經會和其他小朋友比較了，會在意自己家的爸爸是做什麼的呀，也會炫耀自己家的車子、房子什麼的。」

「要我說，這些都是家長的問題。」

「我以前跟您說過吧，小草有一個朋友的媽媽不讓自己孩子跟小草玩，說不要跟窮人家的孩子混在一起。我現在還記得，那天小草是哭著回家的。」

「那件事啊，我現在想起來都覺得難受。怎麼會有那種人啊！真是的……以後不要理他們就好，忘掉他們吧。」

「是啊……我是想忘掉……但是一想到孩子們心裡的傷痕……說實話我心裡也挺難受的。」

「我懂，我懂，我都能理解。不過已經發生的事情就讓它過去吧，那種難受的事情就作為回憶，讓那些不開心的回憶只存在於過去吧，你們兩個人互相關愛關照就行了，時間久了，孩子們也會忘記的。」

「唉，現在這個社會，父母沒錢也是一種罪呀……」

「但是我看你們兩個人振作得還挺快的呢，兩個人都是挺努力也很能幹呀。不過我一直不明白，以你們兩個人的能力，要是找小一點的房子，不是早就能搬了嗎？」

「這個是曉陽的牛脾氣在作怪……我呢，也覺得大小不那麼重要，差不多就行了；但是曉陽不這麼想，他一定要買一間比以前賣掉的那個房子更大的房子，說什麼這樣心裡才踏實。」

「那肯定是因為覺得對不起你吧？」

「我知道，可我覺得其實沒這個必要……」

「隨他們去吧。男人嘛，都有自己的想法，有時候就讓他們自己去發揮吧，那樣更好。倒是你的工作怎麼辦呢？還會繼續上班嗎？」

「我還是想繼續工作。現在才剛開始起步，趁年輕時就多賺點錢吧。」

「你還真賢慧呢。」

「沒有啦，現代人不都是夫妻兩個人一起出來工作的嘛。」

「其實也不一定要兩人都出去工作才是正確的啊，雖說你們是兩個人都在工作賺錢，但老實說，光靠你們兩個人的薪水，哪能那麼快存到買房子的錢呢？雖然這也是因為小金的理財能力不錯，但更是要靠你在家裡維繫家務、處處精打細算，不能浪費一分錢，你們才能走到今天的呀。你們兩個在我朋友眼裡可是出了名的生活理財高手呢。」

「哎呀……您這麼說我都害羞了！」

「過分謙虛是驕傲的象徵哦。其實你就應該被稱讚，像你這樣的人現在不多了。」

金曉陽和崔大友肩並肩走著，看著前面並排走的兩位女士以及在旁邊笑鬧著的孩子們，心裡感覺一陣安慰。感覺自己終於完成了作為一個父親和一個丈夫應盡的義務。金曉陽心裡還特別感謝老婆，在這些日子裡老婆從來沒有過多地抱怨，一起陪伴他走過了人生中最艱難的時期。金曉陽覺得自己好幸運，因為他遇見了這個老婆……

上漲，一切只是開始

回家的路上，金曉陽走進了路邊的家電賣場，下午去的那間3C賣場裡沒有金曉陽以前看上的那台電視機型號。賣場櫃檯上陳列著各種不同顏色和大小的電視機，各自都播放著節目。金曉陽的視線自然而然地落到了財經新聞上，雖然聽不清主播的聲音，但從字幕上看，是在說與匯率下跌相關的新聞。（在後來的二〇〇九年三月初，1美元折合韓元的價格達到了1579韓元，後來更下跌到了1250韓元。）

金曉陽走到了電視機前面，正如他預想的那樣，報導是有關匯率暴跌的新聞，一些專家對匯率的快速下跌表示擔憂。他們認為，最近的匯率下跌會給韓國造成消極影響，令其走出全球金融危機的前景更加暗淡，因為韓國需要藉由「出口」來克服這一次的全球金融危機。再前幾個月，那時的匯率飆漲狀況還很嚴重；沒想到還不到幾個月的工夫，匯率下跌卻成為問題了。

二〇〇五年……

二〇〇五年二月二十八日，KOSPI 以 1011.36 點結束了當天的交易，這是從二〇〇〇年一月四日後，整整五年來第一次回到 1000 點以上的日子。二〇〇五年第一季的韓國經濟呈現出最差的狀況，但是股價指數卻突破了 1000 點，還真是冰火二重天；而且，房地產價格也逐漸開始攀升（因為前一年韓國政府大力實施房地產價格抑制政策，使房地產價格的漲勢有一度曾停滯不前）。

重新站上 1000 點關口的韓國股價指數，掀起了一場辯論。以往遇到類似的狀況，大多數的人都普遍認為會跌回去，但這次不同，認為它將會繼續上漲的論點和認為它會重新回跌的觀點各佔一半。雖然很多金融專家都指出，這一次 KOSPI 的躍升是出於持續上升的大趨勢，但是大部分散戶投資者——他們在以前的漲跌區域受到了慘重的損失——不敢輕易相信專家們的建議。

在這種狀況下，金曉陽的思路還是很明確的。股價指數突破 1000 點以後，金曉陽下意識地握緊了拳頭，然後不斷重複著說：「這只是開始，這只是開始，這只是開始……」

過去兩年間，金曉陽的炒股總額已經增至1300萬韓元，光是股價反覆漲跌的去年，金曉陽的收益就超過了60%，這主要是因為他相信股價先行於經濟週期的原則，戰勝了股市的反覆無常。跟老婆一起投入的股票型基金，收益率也在六個月內超過了40%。

不過，不同於對股市強勢上漲的信心，金曉陽對經濟的擔憂越來越多了。進入二〇〇五年以後，沒有一丁點跡象顯示經濟狀況將會好轉，尤其因為內需不振，導致小企業的經營非常困難，再加上高油價和世界經濟增速放緩等原因，導致韓國國內經濟的困難加劇；雪上加霜的，還有匯率衝擊的擔憂，這讓市場再一次陷入了不安中。也就是說，這段時間的內需不振，好不容易用出口來彌補了，但現在匯率一上漲，就導致出口的增速放緩，經濟狀況會進一步惡化。

實際上，美元兌韓元的匯率是從二〇〇四年初的1200韓元開始下跌，到十一月份跌破了1100韓元，向下探底；二〇〇五年三月份跌破了1000韓元的支撐線。新聞上說，匯率下跌，導致出口企業的業績惡化，那些原本沒有多少競爭力的中小企業因為受到匯率衝擊，日子更難過了。由於美國的雙赤字（財政赤字和貿易收支），像這樣的美元貶值現象應該是要維持一段時間了。

國際化社會，不懂匯率可不行

二〇〇五年早春，金曉陽和崔大友兩家人在崔大友家裡一起吃了頓晚餐。吃完晚飯後，他們一起看了電視，電視新聞上主要報導著有關最近匯率下跌的問題。

金曉陽看電視看得入神，大致都能領會，但對那些涉及匯率問題的專業用語依然有點不太理解；其實他最近在讀經濟新聞的時候也有類似的感覺，不論多麼仔細地讀新聞，也總是搞錯匯率相關的辭彙。一想到韓國就要進入國際化社會了，外匯市場的重要性越來越高，自己卻連新聞報導都聽不太懂，真是有點糟糕啊。

「小金，你怎麼一直盯著電視看啊？」崔大友向金曉陽問了一句。

「啊？啊……我看到剛才新聞上播了匯率的新聞，其實是最近注意起匯率了。」

「最近匯率確實是挺讓人關心的事。儘管時間很短，但在亞洲金融危機以前，韓元兌美元的匯率跌破過 1000 韓元兌換 1 美元……」

「隨著全球化的進一步深化，我覺得如果不知道匯率的話，就不可能真正知道經濟週期或企業收益率等內容，所以想學點匯率的知識；不過呢，我自己看書學習的時候還算能理解，但是一看新聞就總是聽不太懂，是不是我有點笨啊？」

「別人也一樣啊。匯率這個東西本來就很難，匯率中有太多的因素相關聯，用詞也很容易搞混……實際上對於 PB 來說，匯率也不是那麼輕鬆的問題。」

「哦，原來是這樣啊，這倒是讓我有點安慰，原來不止是我一個人搞不懂啊。我看匯率的時候，雖沒想要預測，但至少想看懂這匯率的新聞到底在講些什麼，所以看匯率相關的新聞時，我常常一遍沒看懂又再看一遍。」

「是嗎？那我們今天乾脆談談匯率的問題吧？」

「我當然 OK 啦，求之不得呀。」

「首先我想看看小金對匯率有多少瞭解。」

「我看您直接把我當成一個初學者吧，就當我什麼都不懂。我覺得我應該從基礎知識開始學起。」

「好啊，那就從基礎知識開始談起吧。」崔大友用遙控器調低了電視的音量，轉身坐在金曉陽面前。

「小金，匯率是指什麼呢？我們該怎麼解釋匯率呢？」

「匯率是指我們國家的錢和外國的錢之間的交換比率吧？比如說，如果現在美元匯率是1美元比1000韓元，就代表著用1美元可以換取1000韓元。」

「對，而且匯率還表示了我國貨幣對外國貨幣的價值，也就是相對購買力；美元匯率如果是1美元兌1000韓元，就代表1美元和1000韓元是同等價值的。那麼我們進入下一個問題：如果匯率從1美元兌換1100韓元變動為1000韓元，那麼這是叫匯率上升還是匯率下跌呢？」

「當然是『匯率的下跌』啦。」

「對，『匯率從1美元兌1100韓元下跌為1美元兌1000韓元』，我們都是採用這種表達方式。那麼你說說這個時候貨幣、也就是韓元的價值，是升值了呢？還是貶值了呢？」

「嗯，要買1美元時，需要的匯率從1100韓元減少為1000韓元，那就代表韓元的價值相對上升，美元的價值是相對減少了。」

「對的。這應該叫韓元升值呢？還是叫韓元貶值呢？」

「韓元價值上漲了……所以叫『韓元升值』吧？」

「對，那這個時候應該叫韓元強勢呢？還是韓元弱勢呢？」

「韓元上漲了所以應該叫『韓元強勢』吧？」

「對，那麼我再問一次，假設『現在市場上出現美元弱勢的現象』，那麼這個時候是指韓元兌美元匯率上漲呢？還是指下跌呢？」

「哦……也就是說……我又開始搞不清了。」

「美元弱勢就是指美元的價值在降低，也就是說，相對來說韓元價格正在上漲——韓元價值上升，韓元升值，韓元強勢都是同一種意思——匯率下跌的時候都會這樣表述。匯率『下跌』了，韓元卻『強勢』，很容易混淆吧？不過這一點就是匯率的基礎，要做到不會混淆這些概念，熟練地應用才可以。我們再整理一次看看。也就是說『韓元兌美元匯率下跌＝韓元價值上漲＝韓元升值＝韓元強勢＝美元弱勢＝美元貶值＝美元價值下跌』，這些都可以當作是同樣性質的表述。」

「弱勢美元就是美元弱勢，美元弱勢就是美元價值下跌，美元價值下跌就代表韓元價值的上升，韓元價值的上升則代表匯率下跌。原來是要按這樣的順序思考呢。」

「是的。不過呢，即使這樣梳理過後，你之後看財經新聞也會搞不清楚，我在做理專之前也是那樣……如果新聞上出現『韓元飆漲到 1000 元』的消息，你覺得這是指匯率上漲了呢還是匯率下跌了呢。」

「當然是說匯率漲到 1000 韓元啊。」

「錯了，是指匯率跌到了 1000 韓元。『匯率上漲』這個表述和『韓元價格或者韓元上漲了』這兩種表述要好好區分開來。『韓元』或者『韓元價格』不是『匯率』而是指『韓元價值』，匯率和韓元價值呈相反關係，也就是說是完全相反的；匯率的下降代表韓元價值的上升，例如，匯率現在從 1100 韓元變為 1000 韓元，那麼我們會說『匯率下跌了』，但是也會說『韓元上漲了』。」

「真是容易令人搞混呢。」

「好好研讀幾篇匯率相關的新聞報導吧，這樣你就慢慢習慣匯率相關的辭彙了。這種程度的努力你沒問題吧？」

「那是當然的呀。」

匯率跌倒，企業吃飽

「那麼我們轉到下一個階段吧。如果匯率下跌的話，你說說看『出口』會是成長呢？還是會減少呢？」

「我聽到最近的新聞報導都說，匯率下跌將導致出口減少，經濟發展會放慢。」

「哦，你記得很清楚呢！那你覺得進口會怎麼樣呢？」

「這個嘛……如果出口減少了，那麼進口應該會增加吧？我不知道為什麼會這樣，只知道結果就是前面說的那樣。」

「匯率下跌後出口減少，這是因為在海外市場中，我們的商品變貴了。假設我們國產的某家電視機生產成本是300萬韓元，加上利潤10%，銷售價是330萬韓元；匯率為1100韓元的話，在美國的出售價格應該是3000美元。但是如果匯率跌到了1000韓元，那麼它在美國的售價要漲到3300美元，才能保證它330萬韓元的生產成本和基本利潤。這樣一來，在美國的消費者就一定會轉而選擇其他國家的商品，造成韓國向美國的出口減少。而如果是為了維持出口，將美國當地的銷售價格維持在 3000 美元，那麼賣出一台電視機的價格折合成韓元就只有 300 萬韓元，也就剛好夠本，對於國內生產廠商來說生產這個商品根本就沒有利益可圖。所以不管怎麼樣，選擇什麼樣的方式，對於銷售方來說都是損失。」

「原來是這樣。」

「相反地，如果韓元價值上升，也就是匯率下跌後，進口會增加。舉例來話，假設你從美國進口 50 美元的化妝品，排除中間商的利潤，匯率在 1100 韓元的時候在韓國可以賣到 55000 韓元；而如果匯率跌到 1000 韓元，那麼此時專櫃上賣這個化妝品的價格就只有 50000 韓元。這麼一來，外國商品在國內的價格會越來越低，也就是說國內消費者對外國商品的需求會越來越大，因此進口會增多。」

「我明白了！匯率下跌的時候會造成進口增加、出口減少；那麼，匯率上漲的時候就反向思考就可以了嗎？出口增加，進口減少？」

「對，我們還是拿出口電視機的情況來作說明，匯率從 1100 韓元上升到 1200 韓元的話，電視機的出口價格就會被壓下來，從 3000 美元降到 2750 美元；2750

美元乘以匯率的話就是330萬韓元，也就符合我們國內企業的銷售利潤。所以匯率上漲的時候就能形成價格競爭力，向海外出口的企業也會變多。」

「現在我終於明白了！所以出口企業是匯率上漲的時候有利，進口企業卻是匯率下跌的時候有利。」

不管錢是否貶值，都可以從中獲利

「我們剛才說了匯率變化和進出口之間的關係。那麼我們再來看看匯率變化和資本投資的關係。這次換小金你來說說看，如果持有美元資產的話，是匯率提高的時候對你好呢？還是匯率降低的時候好呢？」

「嗯……匯率……上漲應該對我不錯。」

「你解釋看看？」

「比如說，我到投資美國100萬美元，如果當時的匯率是1100韓元的話，那就相當於11億韓元的資金。先不說投資收益的問題，如果韓元貶值，變成1200韓元兌1美元，那麼我的資產價格就是12億韓元了，因此我就賺了1億韓元；如果匯率下跌，也就是說韓元升值到了1000韓元的話，我變現的時候只能變現10億韓元，因此我是虧了1億韓元。」

「對，那你覺得對那些從國外借外債的人來說，情況是又怎麼樣？」

「我覺得肯定是匯率下跌對他們比較好。」

「為什麼呢？」

「比如說，我在匯率1100韓元時借了100萬美元的外債，那麼到國內變成了11億韓元。在最後還債的時候，如果匯率上漲到了1200韓元，那麼我還100萬美元的話就需要換12億韓元，而不是11億韓元，也就是說我借了11億韓元卻還了12億韓元，是一個虧本買賣；反過來說，如果韓元升值到了1000韓元的水準，那麼我到時候只要還上10億韓元就可以了。」

「對，這麼看問題也是沒錯的。在投資的時候，自己所持有的資產的價值或價格上升才能生成利潤吧？所以，如果我持有的是外匯資產，那麼就會希望韓元貶值；如果我持有的是外匯債務，那就會希望韓元升值。」

「是這麼說呢。」

「所以我們如果碰上『用外幣』的基金，找一個將來能夠升值的地區來投資才是最好的選擇。比如說，如果要在美國和歐洲中選擇一個做為我的海外基金，那麼當這兩個地區的預期投資收益率相同，只有匯率預期不同的時候，你覺得會怎麼樣呢？假設美元兌韓元匯率是下跌預期，而歐元兌韓元匯率是上升預期。那麼，也就是說，選擇歐元區的專案是比較適合的，因為它將來再收回資產的時候還可以獲得匯差收益。我們用同樣的辦法也可選出投資對象企業。比如，現在美元兌韓元匯率有下跌的預期，那麼這時候，持有美元外債的企業相對於持有韓元外債的企業要有利可圖。那麼在這個時候，資產較多的企業反而會產生資產價格減少的不利影響。」

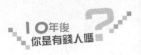

「哎喲……又在上課啊……休假也不好好休息……這裡有水果，您嚐嚐吧。」尹智慧端了一盤水果進了房間。

「別管他啦，他聊那種話題時特別起勁。」金貞熙在廚房裡插嘴道。

「您也來吃一口吧？」崔大友把水果接過去，接著又侃侃而談。

匯率是富國強兵的必備法寶

「在這裡我們應該考慮考慮這個問題。從我們國家的整體經濟來看，你覺得是匯率下跌好呢？還是匯率上漲好呢？」

「我看經濟新聞的時候，他們說為了重振經濟，匯率要漲上去？」

「對，從『經濟復甦』的角度來看，出口主要是把我們生產的產品賣給國外，進口主要是買進別國生產的產品，那麼為了讓經濟復甦，應該是要擴大國內的生產吧？也就是說，減少進口產品，多出口國內產品，會對經濟復甦很有幫助。而且從國富的層面上來看，匯率上漲也算是有利的。」

「為什麼？」

「一個家庭想要財務穩健，就需要處理好收支相關問題，也就是說，收入高於支出才能保證他的財務穩定性；用盈餘來儲蓄，才能讓財富累積起來，不是嗎？企業也是一樣，要做到收入高於支出，才能實現純利潤，內部資金增加，企業的情況也才會變好。而國家也和家庭、企業一樣，一個國家要想富強起來，那麼首先需要它用進口來支付的錢小於它能從出口中賺取的錢，也就是說出口要大於進口，然後，這些省下來的外匯就能成為外匯儲備。」

「難怪每個國家都想讓本國的貨幣維持弱勢呢。我們國家是想要防止匯率的進一步下跌，美國則挺喜歡現在的弱勢美元狀態，日本和歐盟也拚命阻止自家貨幣升值……」

「是的，尤其是我們韓國的國內經濟規模太小了，對出口的依賴程度非常高。從上個世紀六、七○年代經濟開發時代開始，我們一直都是以出口作為主要的增長動力，照這麼說來，為了提高出口，我國在以前就喜好用高匯率政策。另外，除了從進出口實物層面的觀點切入外，我們不妨也看看金融層面相關的觀點，這也可以用來解釋外匯資產和負債。外匯資產持有國會希望匯率上升，外匯負債持有國則希望匯率下跌。去年，也就是二○○四年，韓國的對外債券是2842億美元，對外債務是1722億美元。我們國家算是1120億美元的純債權國。」

「那您的意思是說，從金融層面上來看，匯率上升比匯率下跌更有利？」

「是啊。也就是說，不管是看實物層面還是金融層面，匯率上升對本國是更有利的；只不過，匯率上升會帶動進口貨物的價格，這會導致國內的物價上升，這樣的話就不是那麼理想了。像最近這樣，石油價格持續上漲，而且極有可能引發物價不穩定，那麼匯率上升反而對國內經濟不好。」

「只考慮經濟成長這個目標的話，匯率上升可能有好處；但是考慮物價穩定的話，匯率上升並不是那麼理想的。您是這個意思嗎？從個人和企業的不同角度來看也有不同吧？從出口企業的立場上來看，匯率上升是好事，但是從進口企業以及個人消費者的立場來看，匯率下跌應該是更好的事情。」

「你說得也很有道理。匯率上漲的好處主要體現在出口企業上，從個人消費者的立場上來看，匯率下跌更有利於他們。不過考慮到個人收入和經濟景氣有密切的關係，匯率下跌對消費者更好的說法並不是那麼絕對的。」

盲人摸到的是大象？還是什麼？

崔大友緩了一緩，繼續說道：「不管怎麼說，從經濟成長的領域上來看，匯率的上升是有利的。現在韓元匯率已經下跌了將近 100 韓元了，你覺得如果匯率還繼續下降的話會有什麼樣的效果?企業的業績會變差,企業的股價也會下跌吧?」

「一般是會那麼想的吧。匯率下跌的話出口減少,企業的收入減少,股價下跌……但是實際上股價和實際匯率的變動之間好像沒有什麼太大的相關性。」

「匯率是一種相對性的概念。也就是說,不能只看單一國家的匯率,還要考慮競爭國家的匯率。比如說在美國市場上,韓國商品和日本商品在競爭。如果這個時候韓元的價值上漲了 10%,那麼韓國商品的價格就需要上浮 10%;但是如果這時候日圓的價格上漲了 20%,那麼韓國商品的價格反而會比日本商品便宜。也就是說,匯率雖然下跌了,卻仍是可以維持韓國商品的出口。」

「哦,原來是這樣啊。一般說來,韓元匯率上漲對韓國經濟成長更有利,匯率下跌對經濟成長不利,但是不能只看表面,還要看競爭國的匯率動向?」

「是的。還有一點要記住的是,要把經濟指標和投資聯繫起來,絕不能只用一個指標來判斷你的投資決策。你想想盲人摸象的故事,每個盲人摸到的大象都是真的大象,但都是片面的,所以他們沒有辦法正確地描述什麼是大象。我們考慮經濟和投資之間的聯繫時也是一樣,一定要綜合考慮各種指數,絕不要只看一個指標就貿然作出投資決策。就像小金剛才說的匯率和股價之間的關係也是一樣的，對股價產生影響的因素不只是匯率，還有利率和經濟動向也一樣對股價走勢產生重要的影響，而且利率和經濟動向對企業業績的影響也非常大。其實，匯率和股價走勢之間並沒有太明確的相關關係，但利率和經濟走勢卻和股價走勢呈現出一定的相關關係的，因此我們可以說，利率和經濟走勢對股價走勢的影響更大。所以呢，只看匯率來下決定的話，很有可能會作出錯誤的結論。

實際上今年的匯率下跌後，確實有可能會對股價產生負面影響，但因為利率還是對股價有正面影響，而且到下半年以後股價上升的因素會比下跌的因素多。所以，這時如果還在問『匯率下跌的時候股價一般都是下跌的，為什麼股價是上漲的呢？』那就代表犯下了以偏概全的錯誤。」

「真的，不能只看一個指標，要綜合考慮各種指標以後再作決定。不過感覺挺難的。」

「這只是一開始難一點而已……匯率不是單純地由一國的國內經濟狀況決定的，它是一個相對概念，別國的經濟狀況、兩國政府的政策、國際關係、地緣政治等很多因素會影響著匯率。所以說，匯率的預測是很難的，比利率和股價預測困難，很多專家都不太容易預測出匯率。所以預測匯率的時候要綜合考慮多位專家的意見，參考國內機構和海外研究機構的資料。」

「匯率預測原來這麼困難呀，既然這樣，我倒是希望它和股價走勢沒有相關性就好了……」

「呵呵，那也不錯嘛。」崔大友抓了一顆大橘子遞給了金曉陽。

全世界通行的經濟規律

「實際上，我更關注的是國際收支，而不是匯率。以前已經說過一次了，在投資上最重要的是資金的流向，這不僅影響了我們對於股票、債券或房地產等投資標的的選擇，而且在選擇投資地區和國家的時候也是一樣的。我們國家的股價想要再上一層樓的話，就需要國外的資金流進韓國，不管是以出口匯兌的形式流進韓國，還是其他外國人的投資資金流進韓國，總之都要先讓外部的資金流進韓國，這樣才能讓股價強勁地上漲。」

「資金集中在一起，就能提高資產價格？」

「是啊，去年，也就是二〇〇四年，韓國的經常收支盈餘規模是 280 億美元以上，資本收支也因為外國人投資資金的流入，有 80 億美元的盈餘；兩者加在一起總共 360 億美元。也就是說這個規模的資金已經流進了韓國。」

「這麼多資金？這都快到 400 億韓元了！韓國國內因為低利率，所以有很多閒散資金流進了股市，還有這麼多的外國資金流進韓國……那我是不是可以小小期待一下今年股市的表現呢？」

「這個就交給小金你自己來判斷啦，投資決策是要自己負全責的。」

突然聽到孩子「哇～」的哭聲，原來是小芽。尹智慧一閃身，跑進了房間，過了一會兒，就帶著四歲的小芽走了出來。

「小芽的頭撞到了小草的手摔倒了。」後面跟過來的小熙說。

「沒事，沒事，小芽乖，哥哥們只顧著玩，沒看到你。小芽，到這邊來吧。」

金曉陽張開雙臂，小芽就跑到爸爸的懷裡去了。

「哥哥不好，哥哥推我。爸爸你去罵罵哥哥。」

「哦哦，好好好。爸爸等下再問哥哥為什麼推你了，好不好呀。爸爸現在在跟伯伯說話呢，小芽先跟姐姐一起去房間裡面玩，好嗎？」小芽一下子就收起了剛才的哭臉，跟著小熙去了另一間房。

「小熙這孩子都像個大人了呀，每次見面的時候都覺得她長得好快。」

「是啊，孩子們長大的速度很快的。」

巨無霸漢堡的祕密

「嗯，我們回歸正題吧。前面您提過，匯率受到很多種因素的影響。那麼，影響匯率的因素都有些什麼呢？」

「決定匯率和影響其變動的主要因素有：國際收支、經濟成長率、利率、物價、貨幣量、外匯政策、政治性變數、地緣政治變數等。」

「好像和影響利率的因素很相似呢。」

「對，你聽得很仔細。影響匯率的因素和影響利率的因素相似，是因為經濟指標這個東西並不是每一項各自獨立變化的，而是彼此都聯繫在一起。匯率影響著利率，而利率也影響著匯率。」

「所以我覺得要看懂經濟很難，就好像沒有標準答案似的。」

「是啊，剛才我們也說到了，要理解經濟的話就需要綜合考慮多方面的因素，不能像做數學題一樣，只是代進公式裡面單純的計算而已，那種機械式的求解方式不是經濟學上的求解方法。但不管怎麼樣，有這樣的難度也才給我們帶來更多的樂趣啊……影響匯率的因素有很多，但我認為基本是由供需關係來決定的，就像商品的價格都是市場供需關係來決定的一樣，匯率也是在外匯市場上通過供需關係來決定的；比如說，在外匯市場上，美元的需求高於對韓元的需求，那麼美元兌韓元的匯率就會上升。」

「假設我們用出口賺取的美元不夠支付我們進口所需的費用，那麼美元兌韓元的匯率就要上漲。是這意思吧？」

「還有，外資的流入和韓國的海外投資引起的資金流出，這兩者之間的關係也會影響匯率。也就是說，商品和服務的進出口引起的經常收支，和資本流出、流入引起的資本收支之和，就是國際收支。國際收支如果是盈餘，就代表美元供給多；

國際收支如果是逆差，就代表美元供給小於需求。也就是說，國際收支是盈餘的話，匯率就更有可能下跌；國際收支是逆差的話，匯率上漲的可能性就越高。」

「原來是這樣。那除了供需關係以外，前面您說的那些因素也能再跟我多談一些嗎？」

「先從哪一個開始呢？」

「您說匯率是兩個國家之間的相對購買力。那我們就從物價開始吧！」

「你記得很清楚嘛。像我們定義的一樣，匯率是本國貨幣和外國貨幣之間的交換比率或者是購買力的比率。物價是購買力的尺度。舉例來說，同一個品質的漢堡在美國的價格是 5 美元，在韓國是 5000 韓元，那麼以漢堡的價格為基準的話，美元兌韓元的比價應該是 1 美元兌 1000 韓元；但由於韓國的物價開始上漲，一個漢堡的價格漲到了 5500 韓元，那麼 5 美元＝5500 韓元，即 1 美元等於 1100 韓元才算平衡。換句話說，韓國的物價上漲的話，韓元的價值就下跌，匯率就上漲。實際上，有人把每個國家的巨無霸漢堡的價格都換算成一個統一的標準，藉此來比較每個國家的物價水準，這個叫『巨無霸指數』，你也應該聽過吧？」

「嗯，好像聽過。」

「用別的形式也可以加以解釋。如果韓國國內的物價上漲了，那麼我們的出口品價格會上漲，進口品的相對價格是下跌，因此我們的出口會減少，進口會增加；外匯的流入減少，外匯的支出增多。這導致外匯的價值相對提高，匯率就上升了。」

「物價上漲以後，我們國家的出口價格上漲，這是為什麼？」

「我們拿剛才那個電視出口的例子來說吧。國內銷售價格是330萬韓元，當美元兌韓元的匯率是1100韓元時，美國的銷售價格是3000美元，對吧？但是在匯率不發生變化的情況下，如果韓國國內物價上漲，生產成本上升，銷售價格再上漲10%，到了363萬韓元時，那麼出口貨物的價格也會相應上升吧？所以在美國當地的標價也會上漲10%，來到3300美元——同樣的產品，因為韓國國內漲價，所以出口價格也會上漲。進口產品則是相反的。50美元一盒的進口化妝品，原來的價格是55000韓元，而韓國國內品牌的競爭對手也以同樣的55000韓元價格做競爭；這個時候，如果韓國國內的物價上漲，韓國國內品牌的價格上漲到了60000韓元，進口產品就相對變便宜了，所以對進口品的需求會增加。」

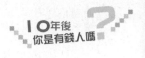

「哦，我能理解一些了。」

「那麼現在我們看看利率對匯率產生的影響吧。我們假設小金你要做利率投資，也就是投資存款或者是債券，這個時候美國的利率是3%，韓國的利率是5%。那麼你會投資到哪裡去呢？喔，我們先假設這是沒有匯率變化引起的匯差影響。」

「那我肯定是要找韓國的啊，因為利率高。」

「明白了吧？如果韓國的利率提高了，那麼從外國會流入更多的資金，或者會抑制了原本那些要流出韓國的資金，這樣一來，外匯流動性提高，韓元就會升值，美元兌韓元匯率下跌。我們簡單整理一下：比較兩個國家的利率，利率相對較高的國家，貨幣會表現得比較強勢；利率相對較低的國家，貨幣會表現得比較弱勢。政府在決定政策利率的時候，都在參考其他主要國家的利率，原因就在這裡。」

「哦……」

「但這裡有一點要留意的是，兩個國家之間相比較的利息率不是名義利率，而是指實際利率。也就是說，剔除通膨率因素以後的利率才能作為比較尺度。為什麼呢？因為名義利率實際上相當於『實際利率變動造成的匯率變動效果』和『物價上升引起的匯率變動效果』。我們在提出了物價變動引起的匯率效果以後，才能觀察到純粹地由利率差異引起的匯率變動效果。」

「剛剛好不容易變得容易些了，但現在卻又變難了。」

「哈哈哈……回去以後好好梳理一下，會對你有幫助的。接著我們主要看看貨幣量和匯率之間的關係吧。要是我國政府擴大貨幣供給量，對經濟會有什麼影響呢？」

「如果貨幣供給量增加的話，從短期上來說，利率會下跌。」

「還有呢？」

「投資和消費擴大，物價上漲。」

「那麼利率下跌和物價上漲對匯率產生什麼影響呢？」

「兩個都是引起匯率上漲的因素，是吧？」

「是的。如果我們國家的貨幣供給量擴大的話，我們的本幣，也就是韓元變多了。供給多了就代表它的稀少程度下降，韓元的價值就會下降，匯率就會上漲了。好，那我們最後看看外匯市場干預對匯率產生的影響。政府的外匯政策也是影響匯率的重要因素。」

「上個月，在國會辯論會上總理公開承認了政府的外匯市場干預，引起了不小的反響呢。」

「是啊。實際上，為了防止匯率的劇烈變動，每個國家都會有干預外匯市場的操作，這在外匯市場上是『已經公開的祕密』。但是問題在於這位總理把『祕密』承認為公開的事實，這很有可能讓韓國成為所謂的『匯率操縱國』，因此成為眾矢之的。不管怎麼樣，如果政府干預外匯市場的話，你說他們是進行外匯買入操作呢？還是外匯賣出操作呢？」

「從政府的立場上來看，出口增加，進口減少，多賺點兒外匯是比較理想的吧？所以政府應該希望匯率走高。想要抬高匯率的話……需要外匯價值上漲，要做到這一點，就需要在外匯市場上讓外匯變得稀少，那麼政府應該主要是做買入外匯的操作來干預外匯市場。」

「對，就是這樣的。政府干預外匯市場的時候，大部分都是為了抬高匯率，而為了做到這一點，會通過買入外匯來減少外匯的供應，增加對外匯的需求。當然了，就像前面已經提到的那樣，如果出現匯率的劇烈變化，那麼政府為了穩定匯率，會出面干預外匯市場，這個時候也包含著賣出外匯的操作。」

「然後，外國投資資金的流入流出也會對匯率產生影響吧？」

「是的。外資的資本投資，尤其是證券投資資金，對匯率會產生很大影響；比如說，外國投資者的分紅時間集中的三、四月份，外匯需求就突然放大，匯率就會暫時性地上漲。但同時他們也會受到匯率的影響。」

「外國投資者的行為受到匯率影響又是什麼意思呢？」

「從外國投資者的立場上來看，投資到韓國有可能發生的損失是兩種：第一種是投資資產，也就是股票和債券中發生的損失，這叫投資收益率損失；第二種是匯率變動發生的匯差損益。我們去美國和日本等海外投資的時候也是同樣的道理。」

「從外國投資者的立場上看……他們需要便宜回購美元，所以美元兌韓元匯率下跌的時候對他們有利。是吧？」

「對，沒錯。所以韓元匯率預期將要上漲的時候，相對來說，外國投資者的美元拋盤就比較多了，因為如果出現美元上漲的現象，他們還要承擔匯差損失；所以有時候，在匯率下跌之前外國人會急著套現，那個時候韓國股市就會有階段性的下跌。當然了，影響外國人買賣韓國股票的決定因素應該是他們對韓國經濟的未來預期……」

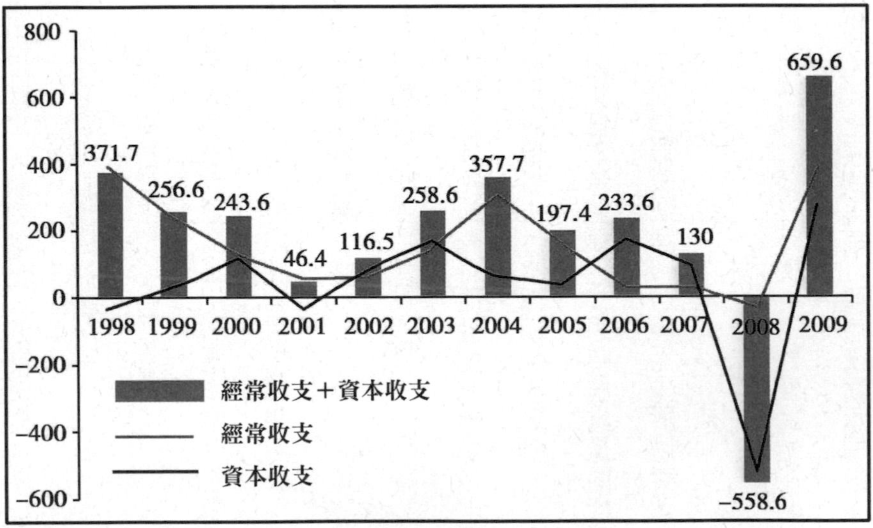

國際收支走勢圖

二〇〇五年九月七日，KOSPI指數達到1142.99點，在歷經十年十個月後，再一次刷新了紀錄。低利率環境下找不到投資處的閒散資金透過投資基金集中到了股市，他們的資金源源不斷地流進了股市，股價指數一路上漲，在二〇〇五年年末最後一天，KOSPI以1379.37點結束了當年的交易。二〇〇五年年初以896點開盤的KOSPI指數，在二〇〇五年一年整整上漲了54%。KOSDAQ指數在這一年上漲了84.5%，繼俄羅斯股價指數，成為當年全世界上漲率最高的股市。

這一年，匯率在1000至1050韓元的區間內上下波動，雖然專家們一度擔心會對出口產生影響，但實際上出口維持了很好的狀態；值得注意的是二〇〇五年的國際油價也是一路上漲，到八月份的時候上漲到了70美元，其他原物料價格也是大幅度地上漲——現在高油價的問題並不是能源問題，而是引發通膨的因素，成為影響整個經濟的核心問題之一。還好，匯率下跌多多少少磨平了國際油價瘋狂上漲的部分，減少了其對韓國國內經濟產生的惡劣影響。

不管怎樣，二〇〇五年，經常收支記錄了150億美元的盈餘，資本收支也記錄了48億美元的盈餘。繼二〇〇四年之後，二〇〇五年也是向韓國流入資本的一年。

二〇〇九年……

「親愛的，你在想什麼呢？」

「呃？沒什麼啦，就是看到了一個比較有趣的新聞……」

「媽媽，你要買哪一個？咱們能買大一點的嗎？」

「來，過來這邊，小草和小芽也看看，到時候告訴媽媽你們喜歡哪一個。」老婆抓著小草和小芽的手，走到了前面，金曉陽也跟在後面，一邊看著周圍的電視機，慢慢走著。

你不可不知的
理財祕密

- 匯率從 1 美元兌 1100 韓元跌到 1000 韓元的時候，我們稱其為「匯率下跌」、「韓元升值」、「韓元漲了」。
- 對於出口企業來說，匯率上漲更有利；對於消費者和進口企業來說，匯率下跌更有利。
- 對於外匯資產持有人來說，外匯升值對他們有利；對於那些有外匯負債的人來說，韓元升值對他們有利。
- 一個國家要富強，就需要流進這個國家的資金比從這個國家流出去的資金更多。所以經常收支盈餘是很重要的。
- 韓國以出口為經濟成長的主要動力之一，現在還是對外純債券國，匯率上漲對韓國來說更有利；不過匯率上漲會抬高進口商品的價格，造成物價不穩定。因此要適可而止，拿捏適中，不可過度追求匯率走高。

匯率是相對價值的概念。看待匯率問題的時候不能只看單一國家的匯率，也要看競爭對手國的匯率。

匯率在外匯市場上根據外匯的供需關係來決定。進口出口的經常收支和資本流入流出的資本收支，這兩項之和是國際收支；國際收支是順差還是逆差，會影響匯率的走勢。

比較兩個國家的利率是實際利率，利率相對較高的貨幣會呈強勢狀態，利率相對較低的貨幣會呈弱勢狀態。政府在決定政策利率的時候，也會參考其他國家利率，主要原因就在這裡。

韓國的股價要想再上一層樓，就需要外部資金流向韓國。不管是用出口賺取更多的外匯，還是外國投資者的資金流入韓國，總之，資金流進韓國才能讓股價的上升更具彈力、衝力。

CHATPER 5

第五章

政府與市場間不能說的祕密

投資者不應對抗市場潮流，也不能對抗政府政策。政府也有無法戰勝的對手，那就是「市場」。市場經濟越發達、全球化越深入，市場的作用就越大，政府調整市場的力量也就越弱。因此，政府想要改變市場流向的政策很有可能失敗。

二〇〇六年年初，金曉陽原來的公司倒閉了，他只好在家休了一個長假。這段日子裡，金曉陽再一次感受到了老婆的愛情和信賴。對家庭的責任，對孩子們的愧疚，像大石一樣牢牢壓在金曉陽的胸口，然而，真正的男子漢是不會被困難打倒的！

有一天，金曉陽去一家公司面試，回來的路上順道去崔大友的辦公室坐了一會兒，兩個人一邊喝茶一邊談了關於政府政策的話題……

二〇〇六年……

在金曉陽到現在為止的人生中，有過兩次危機。第一次危機是二〇〇一年因為炒股失敗，輸掉房子；第二次是在二〇〇六年，因為原來工作的公司破產，成了一個失業者。

金曉陽原來工作的韓國電子，雖然熬過了亞洲金融危機，但是在二〇〇〇年年初的時候因為貿然擴張到手機製造領域，卻又沒有能夠打進市場，造成了幾百億韓元的虧損；從這次之後，公司就一蹶不振，最終提出了破產申請。公司重組，大規模裁員，金曉陽這時正好在韓國電子的手機銷售部門，所以也就沒有逃過公司裁員的風波。

新聞報導上，全是有關韓國電子的負面報導。老婆看著這些負面消息，什麼怨言也沒有說，只是不停地鼓勵金曉陽：「加油！」

幾天後，金曉陽抱著一個裝滿私人物品的紙箱回家，老婆依然跟往常一樣給了他一個溫暖的擁抱。老婆對他說：「謝謝老公這些年為家人努力工作，太感謝了。現在暫時不要想那麼多，好好在家休息吧。」但是對於金曉陽來說，他實在無法天天悶在家裡，這是一段非常難受的時期，對家人的責任心和對未來的不安，都讓金曉陽心急如焚。

「親愛的，我有話要對你說。」

「嗯？什麼話？」老婆這麼一說，金曉陽感到一點負擔和愧疚，這時候距離金曉陽離開韓國電子正好一個月。

「我知道你是想幫我做家事，也幫著帶孩子，辛苦你了。但是我希望你在休息的這段時間裡，盡量把時間用在自己身上。」

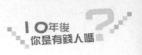

「沒關係，我就是想做……」

「你能和小草還有小芽玩，已經讓我很滿足了。打掃、洗衣這種家務事還是等我下班回家做就好。這段時間，你倒不如去找那些以前沒時間拜訪的朋友、或者去圖書館看看書、或者是去爬爬山……總之呢，把時間用在自己身上吧。你就把現在當成是自己的休假時間，好好充電。」

「是啊，我知道你的意思。可我真的覺得現在這樣不錯啊。」

「我知道你一直為了家人努力工作，現在好不容易可以休息這麼一小段時間，根本沒必要對家裡人感到愧疚。不管發生什麼事，你是我們家永遠不變的支柱，對我來說是值得信任的老公，對孩子們來說是這個世界上最好的爸爸。我相信你，我希望你也能相信你自己，你明白我的意思吧？」

三十八歲也可以重新開始

失業後，金曉陽找了很多地方面試。三十八歲是一個比較尷尬的年齡，已經過了在第一線負責實務的時機，但也沒有坐上中層職位的年限，有的地方說他年齡太大，有的地方卻又完全把他當成一個新人開出難以接受的低工資。金曉陽找工作，找來找去都找不到滿意的公司，再怎麼說，自己在原來那間韓國電子還算混得不錯……金曉陽有時候突然覺得，自己原來也就只有這點水準，而且隨著時間過去，這種想法越來越強烈。

就這麼一天一天地過去，金曉陽心裡悶得慌，於是找老婆商量了一下：「還是我我先拿家裡的存款去做點生意？」

「怎麼了？」

「唉，找工作也不太順利，一直找不到合適的，像這樣一直待在家裡也不是辦法。我想，乾脆我來做個小生意試一試？烤雞店、小超市或是文具店什麼的……」

老婆沉默了一會兒，然後說：「你真正希望的，是重新做回到公司的上班族的生活，還是做小本生意的小老闆？」

「當然是想再找一間公司了。」

「既然這樣，你就不要再想著做生意的事情了。做生意又不是你走投無路了才來做的事。」

「這個我也知道……可我就是悶得慌……」

「親愛的，不要著急。你該走的路，該來的時候它會出現的。」

老婆甚至不准金曉陽去打工，因為老婆認為，一旦熟悉了那種工作環境，就不太容易回到公司職員的軌道；她一直開導金曉陽，要金曉陽把這段時間當成是稍微長一點的休假而已。雖然老婆這種完全的、無條件的信任讓金曉陽感到了一絲壓力，但更給金曉陽帶來溫暖的愛心和極大的動力。

但是對孩子們，尤其是對小草，金曉陽常覺得非常對不起，每念及於此，金曉陽心裡就感到一陣陣疼痛。小女兒小芽每天從幼稚園回家後發現爸爸在家，就會很開心，這段時間對小芽來說是一段非常開心的日子；小草呢，剛開始的時候他也挺高興的，不過隨著時間慢慢過去，他看爸爸的眼神也開始出現細微的變化。他畢竟八歲了嘛，已經開始有了自己的想法吧。

金曉陽也擔心會不會因為自己，而讓小草被別的小朋友嘲笑或欺負。

人生就是在碰撞中奮勇前行

失業的日子快到兩個月的時候，崔大友給金曉陽介紹了KS電子的銷售業務代表李建浩常務理事。KS電子是手機製造業的龍頭企業，該公司還和一家韓國國內屈指可數的大型財閥集團有業務合作關係。經過崔大友的介紹，金曉陽去找了李常務，進行了簡單的面試，回來的路上，金曉陽正好路過崔大友的公司，就順道去他的辦公室拜訪了。

世界銀行的江南區PB中心是在德黑蘭路的一棟高級辦公大樓的最高層。每次到這裡來的時候，都能坐到客戶專用電梯，基本上只有一個人；坐電梯的時候，金曉陽不自覺地想到，有錢真是好啊！不單單只是覺得這裡的設施有多麼高級，而是說，這種只為客戶一個人的服務實在是令人嚮往。PB中心的接待員將金曉陽領到一個接待室，稍微等了一下子，穿著白襯衫打著領帶的崔大友就出現了。可能現在正好是休息時間吧，崔大友的領帶有點兒鬆，袖子也捲了起來。

「沒等很久吧？走，到我辦公室去。」

每次來到崔大友的辦公室，第一眼看到的就是左邊牆上掛著的巴菲特像——華倫．巴菲特被媒體尊稱為「奧馬哈的先知」，不過一般人應該對他的「股神」稱謂更熟悉些。牆上另外還掛著一些崔大友自己寫的字，主要是投資哲學和交易原則等等。令人意外的是，他書架上的書還真少，再沒來過之前，金曉陽一直以為崔大友的書架上肯定全是些專業書籍，會密密麻麻地擺在書架上，沒想到過來一看，卻沒幾本書在書架上，第一次看到的時候還真是大吃一驚。

崔大友的辦公桌對面有兩張客戶用的椅子，金曉陽坐在了其中一把椅子上。

「剛才正在工作呀？」

「嗯，和顧客已經談得差不多了。剛才是在準備一個報告資料。」

「我是不是打擾到崔哥了？」

「沒有沒有。反正也得等總部那邊發資料給我，急事也都處理得差不多了……對了，你見過李常務了吧？感覺怎麼樣，有沒有機會？」

「見過了。多謝崔哥，太感謝你了，你還把我介紹得挺有面子的。」

「謝什麼啊，客氣了。我看李常務要的人就是小金你這樣的，我只是把兩個互相需要的人牽在了一起而已。不管怎樣，希望有個好的結果吧。」

「嗯，這次真希望能順利，我已經快沒臉見家人了。」

「沒問題的，加油！」

實際上崔大友知道金曉陽失業以後，為了金曉陽的再就業，提供了很多幫助，比如介紹獵頭等；正好，有一個客戶是 KS 電子的，聽他說 KS 電子準備擴建一個手機銷售團隊，所以崔大友就把金曉陽積極地推薦給了李常務。

「對了……最近股票玩得怎麼樣？上次股價突然急跌的時候你那邊沒問題嗎？損失大不大？」

五月十一日，KOSPI 刷新了歷史紀錄，達到了 1464.7 點，但之後就一路走低，連續下跌了三週。

「在年初的 1400 點附近我就覺得有點衝不上去，所以分幾批都處理掉了，現在只剩下原來的三分之一左右，準備再找一次抓住低點的機會。崔哥您呢？」

「我？我的還放著呢。基金嘛，反正也是長期投資，就不費工夫了。我倒是預先知道會有一次調整，但是沒有想到這個調整來得這麼快，而且還這麼大幅度地進行調整;早知道是這樣,我就會把客戶的那些股票稍微處理一下了。算了,反正事已至此,再說整體的上漲趨勢也沒變,早晚會漲回來的,我就等著它漲回來吧……」

「我覺得沒什麼問題,我的想法跟崔哥一樣,覺得KOSPI將會超過1500點、2000點,甚至3000點,像我這樣直接炒股的人嘛,買賣換手稍微頻繁一點沒關係,像您這樣主要是做基金的,穩當一點確實比較好。」

「我的想法也是那樣,不過客戶們心裡挺著急的……搞得我也不好受。」

「沒辦法,新聞上天天在報導股價暴跌之類的消息,最近還有不少人也擔心起油價和其他原物料價格的飆漲……再說葛林斯潘和其他經濟學家們也擔心這個通膨會拖經濟成長的後腿……」

「你也知道,不管經濟週期還是股價指數,都是在反覆漲跌的過程中發展的,沒有一種商品的價格是一直向上走的。就像經濟週期是『擴張期』和『收縮期』循環反覆地出現一樣,股價指數也是反覆呈現上漲和下跌的過程,階段性地向上漲上去的。我們知道的『超短週期』也是同樣的原理。今年,也就是二〇〇六年,第一季看見經濟週期的高點後,下半年的經濟發展應該是越來越放緩了,對吧?這其實不代表經濟會進入一個長期衰退期，而是說到明年第一季前會先放緩一下經濟發展，再從第二季開始重新發力衝上去。還有，專家們的意見應該也只是對通膨和經濟衰退的擔憂，現實生活中這些現象畢竟還沒有顯現。」

經濟規律就是一個輪迴接著一個輪迴

「那麼，為什麼美國政府總是喜歡反覆調整利率呢？利率這個東西，一定要有政府來干預嗎？為什麼不交給市場來調整利率呢？」

「關於政府干預市場這個問題，是沒有定論的。像美國政府干預市場的理由，是害怕美國經濟又像上個世紀三〇年代的大蕭條一樣，出現所謂『市場失靈』；因此，美國政府主要想事先預防這種大蕭條發生，從這一層面上來看，政府的干預政策也和經濟循環週期一樣，有著一定的內在規律。」

「一定的內在規律？」

「是的。代表性的例子有，景氣和政策利率之間的循環規律。事實上，即使政府不去干預市場，市場中的利率和經濟週期之間也是有某種循環規律的；比如，利率下降↓投資和消費增加（經濟情況變好）↓資金需求增加↓利率上升↓投資和消費減少（經濟情況變差）↓資金需求減少↓利率下降，這就是自然而然發生的循環過程；但是在這個過程中，如果投資和消費的增加太過劇烈，也就是說發生投資過熱、消費過熱等經濟過熱，那麼就會引發嚴重的通貨膨脹。相反地，如果投資和消費的減少太過嚴重，就會投資委靡、消費委靡，經濟情況進入蕭條階段。所以，政府的目標就是提前防止經濟過熱或經濟萎縮，令經濟的發展更加穩定、平穩；也就是說，在市場過熱以前預先提高利率，在市場萎縮以前預先降低利率，以求比市場變動更快一步。二〇〇一年美國 **IT** 泡沫破滅和 911 恐怖攻擊等影響，導致美國經濟陷入衰退，**FRB** 立刻就實行了攻擊性的減息，其幅度和速度是非常驚人的，在短時間內減到了 1% 的利率；之後，隨著美國經濟慢慢復甦，原物料價格穩定上漲，這又導致了通貨膨脹憂慮的加深，所以這時 **FRB** 又開始分階段提高利率，到了 5% 左右的水準。怎麼樣，這個例子充分說明了經濟景氣和利率之間的關係吧？」

「也就是說，為了減少經濟景氣的變動性，政府用利率來干預市場。既然這樣，政府提高利率也不完全是負面的消息囉？政府提高利率代表現在的經濟狀況非常不錯啊。」

「是啊，確實可以這麼解釋。但是，不管怎麼樣，政府提高利率會直接導致市場上資金融資成本提高、緊縮金融，因此，對於投資者來說，政府提高利率就是一個負面資訊；尤其當政府反覆提高利率的時候，經濟緊縮可能性會急劇上升，需要提前予以足夠的重視和警惕。」

「嗯，的確。不過，我們前兩天不是談到過，在短期內股價和利率的變化是呈正相關的嗎？也就是說它們兩者是正向變動的，那麼，政府提高利率是不是也代表股價會上漲？」

「很敏銳嘛，小金。事實上政府提高政策利率也就是說明政府對本國經濟的恢復有明確的自信；還有，政府提高利率的時候，會在不影響經濟發展的情況下漸進地調整（提高）利率。也就是說，很少會因為政府提高利率而導致經濟衰退。」

「那剛才崔哥您說的『要提前警惕』是什麼意思呢？」

「呵呵，我是不是在前面加了一個『反覆提高利率』這樣一個但書？當政府提高政策利率到某一個水準後，會放慢提高利率的速度或者是停止提高利率，那麼在這個時候，市場中的投資者就千萬要小心了——政府之所以停止提高利率，暗示著如果利率再繼續提高，就會對經濟產生影響——換句話說，這個時候的利率水準正好在『經濟衰退』和『經濟維持現狀』的十字路上，也就是說，經濟衰退很有可能就要來臨了。」

「崔哥的意思就是說，在政府開始提高利率的初期，股價的上漲還會不錯；不過當利率上漲到一定水準後，或是當提高利率的手段快要停止的時候，這代表經濟衰退和股價下跌的可能性會迅速提高，因此這個時候就要嚴加防範了。對吧？」

「對，就是這樣。」

知道政府究竟怎麼想，真的很重要

「那麼，像美國和韓國這些國家的政府，它們在制定利率政策的時候有沒有一個參照標準？我感覺應該是存在一個基準或標準來判斷現在的利率水準是否是適當的……」

「很好的問題。以前我們在談論利率的時候說過『利率是經濟成長率和物價上漲率之和』這句話吧？」

「嗯，我還記得。」

「用這個指標就可以了。我們一般判斷一個國家的適度利率時，『該國的潛在經濟成長率和物價上漲率之和』為適度利率。在這裡，潛在經濟成長率是指，在不引發物價上漲的情況下，能動員該國的生產要素（資本、勞動力）來獲得的最大經濟成長率。這個潛在經濟成長率同時也意味著該國家的經濟所需要達到的適度經濟成長率。我們在報紙上經常能看到『要提高我國潛在經濟成長率』這種話吧？潛在經濟成長率越高，代表經濟成長的餘力就越大，經濟的活力也就越高；潛在經濟成長率也可以作為判斷經濟成長適度與否的判斷依據——當經濟成長率高於潛在經濟成長率時，就需要抑制經濟的過熱；當經濟成長率低於潛在經濟成長率的時候，就需要刺激當前委靡的經濟。」

「啊，原來是這樣。您沒說之前，我看新聞的時候就一直在想，到底該用什麼標準來判斷經濟刺激的必要性呢？原來就是透過『潛在經濟成長率』來評估呀。」

「嗯。另外，判斷適度利率水準的時候，使用的物價上漲率是『根源物價上漲率』（或是核心物價上漲率），有時候也會用消費者物價上漲率。因為物價穩定目標大多是以消費者物價指數為基準，所以消費者物價指數應該是最為合適的參考標準吧。」

「照這麼說，只要知道我國的潛在經濟成長率和消費者物價指數就能知道適度利率水準了？那麼我國的潛在成長率和消費者物價上漲率一般都是多少呢？」

「關於我國的潛在經濟成長率呢，雖然有過很多爭論，但基本上都看成是4%～4.5%左右，我們就先看成大概4.5%吧；而去年的消費者物價上漲率是2.7%。將這些數位加起來，就能得到韓國的適度利率水準，大約是7.2%。」

「現在國債的三年期利率是5%左右……也就是說，利率在今後還會上漲？」

「從理論上來看是這樣的。但是市場利率或政策利率這東西不能只靠我們國家自身的狀況來決定，海外資本的流入、流出，其他國家的利率政策、匯率、世界經濟狀況等，這些因素都需要參考，所以呢，實際情況並不一定和理論上的推測完全一致，尤其是像韓國這種對外經濟依存度較高的經濟體就更是要重視外部因素。反過來說，像美國或者歐盟這樣的經濟體，在世界上的影響力較大，甚至可以說是在引領著世界經濟的發展，因此，它們能夠從自身立場出發來制定利率政策，這種狀況下，我們剛才提到的理論就能比較準確地推算了。比如，世界上的主要機構預測今年美國的經濟成長率為 3% 左右，而美國政府的消費者物價指數目標是 2% 左右。因此，我們可以推算出，理論上 5% 是與美國現今的政策利率較為接近的水準。」

「這樣說起來，現在韓國的利率水準應該是低於適度利率水準。最近，韓國銀行的總裁在公開場合強調了市場流動性過剩的問題，而且還主張韓國銀行要提高利率。」

「對，我們國家的利率維持在適度利率水準以下的原因之一，就是市場中的資金太過富餘；實際上不只是韓國，全世界大部分國家都存在這種流動性過剩的問題，大部分的經濟學家和政策決策層都在擔心這個問題。市場方面也是因為這一點而擔心通膨的問題。」

政府內訌了？

「但是，我看潛在經濟成長率的時候還有一點不太明白。以前看新聞，說韓國銀行認為韓國的潛在經濟成長率是4％出頭，財經部門卻認為是4.5％以上，兩個部門之間發生過激烈地爭論。為什麼會有這種兩個部門之間估算值不同的現象出現呢？有什麼特別的理由嗎？」

「哎呀……小金提的問題是越來越尖銳了！這是一個非常不錯的問題。其實，韓國銀行和財經部門針對著經濟的現狀表示出兩種不同觀點，這是理所當然的事情。」

「政府內部的矛盾是理所當然的？」

「哈哈哈，這個矛盾應該算是用詞不當吧，沒那麼嚴重。我們看待政府機構之間不同的立場時，首先要確認一個問題。小金，你知道任何國家都有兩個核心的經濟政策目標吧？」

「經濟成長和物價穩定？」

「是的。正確地說，是『穩定的經濟成長』和『穩定的物價』。那麼負責經濟成長和物價穩定的，各是哪個部門呢？」

「財經部門主要負責經濟成長，韓國銀行（中央銀行）主要負責物價穩定。」

「好。那麼，小金你應該也知道經濟成長和物價穩定這兩個目標是難以同時實現的吧？」

「嗯。過於追求經濟成長，就會引起需求增多，導致物價上漲；反之，為了穩定物價而抑制需求，就會削弱經濟成長的動力。」

「非常正確。那麼為什麼我們的政府會把這兩個目標分給兩個不同的機構來負責呢？」

「這兩個衝突的目標，需要兩個獨立的機構來負責實施，這樣，藉由兩個部門之間的相互牽制、制約，才能實現均衡的經濟發展。是這樣解釋的吧？」

「財經部門和韓國銀行，這兩個機構的工作都是為了經濟發展，但是呢，兩者之間主張的政策優先順序是不一樣的，財經部門和韓國銀行的政策目標，各自是經濟成長和物價穩定，這兩個目標之間是有衝突的。確立了這一點後，小金，我們再來重新思考你先前提出的問題：『為什麼財經部門和韓國銀行對於潛在經濟成長率的立場有所不同』相信你現在就能很輕鬆的理解它們的意圖了。」

「嗯……韓國銀行說，潛在經濟成長率是4%出頭，是因為它優先重視物價穩定的目標；財經部門主張潛在經濟成長率是 4.5% 以上，是因為它優先重視經濟成長的目標。呵呵，原來是這樣。」

「是的。我們先假設現在的經濟成長率是 4.5%，如果像韓國銀行所說的那樣，韓國的潛在經濟成長率真的是 4%，那麼我們現在的經濟成長率就超過了 4% 的潛在經濟成長率，也就是說經濟已經處於『開始過熱』的狀態，有必要在它進入過熱之前抑制其發展；為了抑制經濟過熱，就需要提高利率——這就是韓國銀行的理論——因為提高利率有利於韓國銀行的政策目標：『物價穩定』。反之，按照財經部門的主張，如果現在的經濟成長率是 4.5%，並沒有低於潛在經濟成長率（高於 4.5%），也就是說，經濟可能仍處在『委靡』的狀態，有必要對經濟施以刺激，為了刺激經濟，就需要降低利率，降低利率就有利於財經部門實現它的經濟成長目標。從結論來看，利率政策會根據政府如何定位潛在經濟成長率而出現完全不同的變化，也對兩個政府機構的政策目標具有較大影響。」

「真是有趣，還有這種隱藏的含意呢。」

「像這種韓國銀行和政府之間的立場差異，只要你稍加關心就能輕易地發現。

匯率問題也是一樣的，政府呢，主要是偏好出口主導向型的經濟成長方式，因此政府比較偏好匯率上漲；反之，從韓國銀行的立場上來看，匯率上漲很有可能招致物價不穩，因此韓國銀行往往反對匯率急劇上漲。」

「有意思！以後看新聞的時候，得先看清楚相關機構對政策目標的立場呢。」

靠投資推動還是靠消費推動

背後響起了敲門聲，接待人員端了兩杯冰涼的果汁進來。對話中斷了一會兒。金曉陽突然想起今天的面試，不知道面試結果怎麼樣？KS電子不管是企業規模還是將來的發展前景，都比之前的公司好很多，尤其是對方開出的待遇條件很讓金曉陽動心。「這一次一定要成功啊……老天保佑！」他心中默唸著。

金曉陽很想請崔大友幫忙問問看他的面試結果如何，好幾次都要脫口而出了，但最後還是硬吞了去；心急壞事嘛，太過急躁的話，萬一反而給對方留下壞印象就不好了，還是算了吧。而且，金曉陽知道崔大友這個人，只要能幫忙的事，不需要自己開口他也會主動去做。

於是金曉陽決定換一個話題，不再去想面試的事。

「我覺得想瞭解經濟狀況，首先要明白利率。經濟週期、股價、匯率、物價、政府政策等，每一項都和利率有關係。」

「是啊，市場經濟的核心是價格，而錢的價格就是利率。其實，所有國家的政府最重視的政策手段就是利率，經濟學者和金融專家之間最大的爭論話題也是利率；總之，如果不能理解利率，就不能說搞懂了經濟。」

「不過，我看那些已開發國家也很長使用減稅政策呀？使用頻率也不比利率政策少，我們國家為什麼不常使用減稅政策呢？要是能給我們減減稅，該有多好啊……」

「政府使用某種政策的時候，應該是選擇最適合該國經濟狀況的、最有效的政策手段。我們在這裡要注意一點：每個國家的經濟發展水準的不同，將決定牽引該國經濟發展力量的不同。因此，每種政策手段的效果，在不同的國家也不一樣的。」

「牽引該國經濟發展的力量？這是什麼意思呢？」

「小金，你知道這個公式嗎？你應該在經濟學課堂上學過。」

崔大友拿起桌旁的一張白紙，在上面用很大的字體寫下了「Y＝C＋I＋G＋NX」，再繼續寫下「國內生產毛額（GDP）Y＝個人消費C＋企業投資I＋政府支出G＋海外部門淨出口NX（出口－進口）」。

「嗯，我記得大學時候學過。」

「經濟有四個主體，它們是：個人（家戶）、企業、政府、海外部門。每個部門的所得和支出相加起來，是整個經濟的總產出（或者是國民收入）。」

「好久沒聽過，感覺很新鮮呀。」

「但是，隨著經濟發展階段的不同，推動經濟的力量也是不同的……比如說，落後國家，在不考慮海外部門的狀況下，經濟主要是由哪個部門來推動的呢？」

「嗯……應該是政府吧？應該主要是政府支出這一塊推動著經濟發展。」

「對，正確。落後國家即使想搞經濟發展，也沒有錢實施經濟發展案，因此，經常會從外國接受援助或者從外國借款來推動國內經濟發展；而且，因為該國金融機構的信用級別低，因此往往是政府給金融機構提供擔保，使其能夠從國外借款回來建設經濟；這麼一來，經濟發展計劃往往都是按照政府制定的政策方向來進行的。以韓國的經濟發展過程來說，上世紀六、七〇年代的時候大都是這樣的。雖然那時候民間的反對聲音不小，但是政府根據自身的判斷，強行推動了很多經濟開發案，比如，新農村運動、京釜高速公路（連接首爾和釜山的重要高速公路）、建設浦項制鐵廠、政策培育重化工業……等。這種朴正熙時代的政府主導經濟發展政策成為了當時經濟發展的根基……」

「我也是這麼想的。」

「那麼中度開發中國家，又是靠什麼來引領經濟發展的呢？」

「嗯……我想應該是投資吧？到最近為止，我國的經濟發展也是靠企業的投資來推動的。」

「對。中度發展的開發中國家，它的特點是『技術快速發展的同時國民收入增長緩慢』。即，相對於這個技術水準來說，產品具有價格競爭力，也就是產品的性價比高，也因此製造業的發展會很快，做什麼產品都好賣；中度開發中國家可以成為生產型經濟結構，因為創業的機會多樣化，所以大家都會投資建廠，生產產品再去銷售。時間久了，這些國家以技術實力和價格競爭力為背景，便能開始在全球市場上嶄露頭角，出現一些具有實力的跨國企業；舉例來說，上個世紀八 九〇年代的韓國和現在新竄起的中國，就是很好的例子。好了，那我們最後來說說，推動已開發國家經濟的主體是什麼呢？」

「最後剩下就只有個人消費這一項了？」

「是的。那麼小金你說說看，為什麼只有個人消費才能推動已開發國家的經濟呢？」

「這個嘛……我完全沒有頭緒。」

「已開發國家的經濟是不可能成為生產型經濟結構的。因為它的國民收入，也就是『人工』太貴，沒有辦法像開發中國家一樣大量僱傭勞力，這麼一來，藉由企業投資推動經濟發展的模式也就到了上限。對於已開發國家來說，更普遍的情況是資金會從國內流到國外去，轉而在人工便宜的開發中國家投資建廠，使本國的製造業逐漸萎縮；不過已開發國家也有經濟成長的機會，那就是個人消費推動的經濟成長。已開發國家的國民收入很高，國民收入高就意味著每一個國民賺的錢多，理所當然地，個人的消費支出規模也會比較高，因此，個人消費的能量就是推動已開發國家經濟發展的動力！消費水準高，意味著藉由銷售商品和提供服務來獲取的利潤率很高（或者獲取高利潤的機會大），開發中國家用生產商品的方式來活躍經濟，而已開發國家則是用個人消費來活躍經濟。也就是說，已開發國家是消費型的經濟結構。從現實面來看，美國的情況正說明了這一點，推動經濟成長的 70% 的力量都是來自個人消費呢。」

「我看新聞的時候就曾發現這樣的現象——當媒體對國內經濟表示擔憂的時候，通常都會先講投資指標惡化；但在美國，媒體通常都會先提到個人消費減少。以前覺得挺奇怪的，原來是這個原因。」

「要是再加上一點的話，就需要談到就業了。在已開發國家，就業指標的重要性絲毫不亞於消費指標。首先，就業指標就表示著經濟狀況的好壞；而更重要的，是就業會直接關係到每一個國民的收入水準。」

「是啊。就業減少了就會導致國民收入減少，最後會減少消費。」

開發中國家偏好利率政策，已開發國家偏好減稅政策

「好。那麼我們現在來看看，在各個經濟發展階段時的主要經濟推動手段是什麼。首先，看看落後國家吧，在落後國家裡，政府的作用很重要的，你覺得這樣的政府主要會選擇什麼樣的手段呢？」

「是啊……如果是政府主導經濟發展的話……應該是政府政策？」

「差不多。落後國家是由政府主導經濟發展，因此，行政管制或者直接對市場進行干預的方式將會成為主要的政策手段。在落後國家，因為資金儲備不是很充裕，所以只要能從銀行貸款，就可以說是某種特殊照顧了；這種國家的金融市場還沒有發展成熟，無法充分發揮其功能，所以政府也不敢放心把資金的有效分配交給金融體系來處理，而且，從社會福利的角度來看，政府還要進行基礎設施建設，因此，落後國家的經濟發展往往是按照政府的意願來進行的，不是通過市場原理來分配資源的。舉例來說，韓國上個世紀六、七〇年代就是這樣，政府對特定的產業集中投資資金的做法就是一個很好的例子。」

「嗯，好像是這樣，既然市場無法有效發揮自身功能，就不能完全交給市場了。那麼，中度發展的開發中國家，主要又會使用什麼手段呢？」

「對他們來說，推動經濟的主要力量是企業投資，所以調整投資的政策手段應該就是最主要的了。調整投資的手段中，最普遍的、最有效的方法是哪一種呢？」

「那當然是利率。投資所需資金的融資成本是由利率來決定的嘛。」

「對。中度開發中國家最具代表性的政策手段是利率政策。以我國現在的狀況來說，一談到經濟刺激政策，第一個被提出來的就是降低利率。最近的情況你也看到了，財經部門為了刺激經濟成長，主張降低利率，和主張提高利率的韓國銀行出現了摩擦和爭論。」

「但是實際上去年的情況是：雖然市場利率降到3%，已經到了歷史最低點，但是經濟狀況還是沒有好轉，甚至變得更差了。這是怎麼回事呢？」

「你抓住問題的重點了！利率和經濟週期之間的規律，確實在二〇〇四年不靈了。從這點上可以看出，我們國家的政策方向有必要轉換了。」

「您這是什麼意思呢？」

「我們國家的經濟結構其實已經逐漸脫離了開發中國家的生產型經濟結構，開始進入了已開發國家的消費型經濟結構，政府要根據這個事實來改變其政策手段，這就是我的意思。政府已經不能只靠降低利率的政策來刺激經濟了，往後會變得越來越困難。」

「啊！是嗎？那麼已開發國家的政策手段和開發中國家的政策手段之間有什麼不同呢？」

「小金你自己先想想看。落後國家是政府直接干預市場，中度開發國家是降低利率的方式，那麼已開發國家究竟是用什麼樣的手段呢？已開發國家的經濟主要是靠個人消費來推動的，那麼能調節個人消費的手段主要有什麼呢？」

「調整個人消費的手段……嗯……」

「小金你剛才已經提到過了呀？」

「啊！我知道了！原來是稅收政策。對，政府調節稅收的時候，可支配收入會發生變化，從而調節了個人消費；減稅能提高收入，加稅就是相反的效果吧。」

「對。已開發國家刺激經濟的時候，會同時實施降低利率和減稅政策（或是退稅政策）；減稅和退稅能夠提高個人收入，個人收入提高就會刺激消費，經濟就成長了。」

「真有趣。每個國家的經濟發展階段會決定政府政策的焦點不同，這個問題我之前從來沒有想過呢。」

「有一點要注意的是，不管是落後國家還是開發中國家，抑或是已開發國家，都會使用直接干預市場、降息、減稅等政策，只不過這些政策手段的偏好程度和重要性不同而已。而且，政府在實施這些政策的時候，還會配套實施其他政策。所以不能簡單地用一刀切的方式來判斷，知道嗎？」

「嗯，我知道了。還是您可不可以順便說說其他的配套政策有些什麼呢？」

崔大友拿起果汁，喝了一口。

多出來的錢給誰花？

「這個嘛……小金你應該也知道啊，政府的代表性政策主要有政府部門負責的財政政策和韓國銀行負責的貨幣政策。」

「嗯，這個我知道，而且這兩種政策中都有『擴張性政策』和『緊縮性政策』，分別是刺激經濟的政策和抑制物價上漲的政策，但更具體的政府政策實行方法我就一知半解了；我是知道有幾種方法，但是不太明白這些政策具體的意義、如何實施、或有什麼效果……」

「如果我們把經濟比喻成一個人體，那麼錢就是『血液』一樣的東西——刺激經濟的擴張性政策就是給市場提供更多的資金供給；抑制經濟過熱的緊縮性政策就是減少市場中的資金供給。只要記住這一點，就能夠幫助你理解政府政策的問題……財政政策手段有稅收『收入』和政府『支出』，政府的『財政』其實就是從民間收來的『稅收收入』和以此為背景的『支出』所構成的，那麼，現在如果要實行擴張性財政政策，是應該提高稅率還是降低稅率呢？政府支出是要增加還是要減少呢？」

「要給市場增加資金供給的話，就需要增加政府支出；關於稅收方面呢，則需要減稅，因為減稅後就有更多的資金留在民間（個人和企業）。」

「正確。從政府的立場上來看，收進來的錢少了，花出去的錢多了，就會導致財政赤字，這種現象經常出現。而反過來看，當政府實行緊縮政策的時候，情況就會相反了吧？政府提高稅收收入，減少政府支出，因此會出現更多財政盈餘。」

「明白了，那財政赤字的時候要怎麼彌補那一部分的資金窟窿呢？」

「財政赤字的時候一般都是通過發行國債來融資。」

「我還是有些不太明白……有時候，我看政府或政治家們會有一個爭論，就是圍繞著『追加預算』和『減稅』而議論不休，但這兩個政策都是為了刺激經濟的經濟擴張政策，為什麼會衝突呢？」

「這兩種政策都是為了刺激經濟而增加市場中的資金供給。不同點在於，追加預算是擴大政府支出預算來擴大政府支出；而減稅主要是減少個人和企業的稅收，並減少流進政府的資金。」

「這兩者之間有那麼大的差異嗎？結果不是一樣的嗎？」

「這兩者之間的差異主要在於『誰來花掉這筆錢』——刺激經濟後，市場中多出來的資金是由誰來花掉的呢？假如現在的政策是『追加預算』，那麼小金你說說，是由誰來花錢呢？」

「追加預算是增加政府支出的政策，當然是由政府來花錢了。」

「那麼減稅的時候是由誰來花這筆錢呢？」

「減稅的時候當然是由企業和個人來花掉這筆錢吧？因為錢都留在他們手中了。」

「剛才說的就是關鍵。追加預算主要是由政府來直接花錢，減稅主要是交給企業和個人來花錢，其實就是對市場的信任程度不同而已。剛才說過了，已開發國家的市場功能很強大，能夠充分發揮市場自身應有的作用，因此，已開發國家的政府也會放心地把花錢這種事情交給市場去做，也就是交給市場去分配資源；而落後或中度開發中國家的市場還沒有發展成熟，所以政府經常直接干預市場。從這個意義上來看，減稅是已開發國家的政策，而追加預算是開發中國家的政策。像美國和歐盟，碰到經濟不景氣的時候較常使用減稅政策；而韓國、台灣這種開發中國家呢，更常使用追加預算的方式。理由嘛，很簡單，政府缺乏對市場的信任，而且不想放棄對市場的控制權。」

「原來有這種區別啊……」

「每次總統選舉的時候，不少政治學者都會跳出來，說希望能建立一個『小而美政府』。什麼是小而美政府？那就是將政府直接干預市場的方式縮到最小限度，信任市場，交給市場去分配資源。這種政府主要會實施什麼樣的政策呢？是追加預算還是減稅？」

「很顯然是減稅呀。」

「是吧。」

「追加預算和減稅這兩種政策的效果會不一樣嗎？」

「追加預算的特點是見效快，但效果不長久；減稅的特點是見效慢，但效果會長久。當經濟收縮是因為短期現象、心理因素而引發的時候，追加預算應該是比較有效的辦法；但如果經濟收縮是潛在成長率下跌導致的，那麼這種結構性的問題還是交給減稅來處理比較妥當。」

利滾利，就能滾出好多錢

「財政政策理解起來挺容易的。那麼貨幣政策都有些什麼呢？」

「韓國銀行的貨幣政策手段可以分為四大類。除了我們都知道的決定政策利率

（也就是決定市場拆借利率）外，其他還有公開市場操作、存款準備金率、貼現率等政策。你也知道，中央銀行決定政策利率，會影響市場利率，從而調節市場中的資金需求和供給；具體來說，提高政策利率→市場中拆借利率提高→借錢的代價也就是貸款成本上漲→資金需求減少、投資和消費需求減少→經濟成長放緩→經濟緊縮。反之，降低拆借利率的時候就變成擴張性政策了。」

「那麼公開市場操作是什麼呀？我好像常聽到這個辭彙。」

「呵呵，沒錯。在新聞裡總會看到韓國銀行買入或賣出**RP**（回購交易）的新聞吧？這就是公開市場操作。公開市場操作就是指韓國銀行向民間金融機構出售或買入國債的方式。當市場中的資金不足而需要擴大貨幣供給量的時候，或者要實施經濟擴張性政策來刺激經濟的時候，韓國銀行是買入國債還是賣出國債呢？」

「如果要向市場提供更多的資金流動性……哦……應該是要買入國債吧？從民間金融機構買入國債，作為代價，向金融機構支付贖金，也就是提供資金，這就能向市場注入流動性了；相反地，想要實施緊縮政策來減少市場中的貨幣量時，就應該出售國債了，因為出售國債能吸收市場中的資金。」

「很正確。你看，不是很難吧？下面我們再看看存款準備金率和貼現率政策。不過在那之前，我們需要理解一下什麼是『乘數效應』。小金你知道這個概念嗎？學習經濟學的時候應該有學過？」

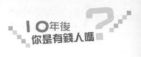

「只記得一點點。我只記得這個概念是，資金循環將會產生新的資金。麻煩您再詳細說明一下吧。」

「好。比如說，銀行收到了1億韓元的存款，銀行再將這筆資金貸給個人或企業，而從銀行借來這筆資金的企業或是個人會以某種形式把這筆錢花掉，當這筆錢在市場流動，經過一段過程後，最後還是會以存款的形式再回到銀行去；接著銀行又會再把這筆錢貸給其他個人和企業，然後在市場流通後，再次以存款的形式回到銀行；然後再一次……銀行收到這筆存款後，再把它貸款給企業和個人，錢流入市場，最後回到銀行……這種過程循環不停地發生，資金從1億韓元增加到幾千億、幾萬億。這就是所謂的『乘數效應』。」

「哦，我明白了。」

「存款準備金率或是貼現率調整，就是金融機構通過貸款來衍生出來的資金，以此影響市場中的貨幣量和利率。首先，我們來看看存款準備金率，你知道存款準備金率是什麼吧？」

「銀行為了隨時滿足儲戶的提款要求，義務性地在中央銀行（韓國銀行）存入一筆資金，這筆資金占該銀行總資產的比重叫存款準備金率。」

「對，很正確。現在的存款準備金是銀行無法用於貸款的部分，例如，我們假設存款準備金率是10%，那麼當銀行收到1億韓元的存款時，要拿出其中的10%，也就是1000萬韓元來存入韓國銀行；而銀行實際能夠用於貸款的資金是剩餘的90%，也就是9000萬韓元。這筆錢貸出去後，在市場流通一段時間，再次回到銀行；銀行再次將其中的10%拿出來存入韓國銀行，將剩下的90%也就是8100萬韓元貸給民間的企業或個人；待這筆錢再回到銀行，銀行存入存款準備金後剩下的資金是7290萬韓元……以此類推。這樣看來，每一次資金循環過後，銀行能夠用於貸款的資金是越來越少。之前說明乘數效應的時候，沒有提到存款準備金率，因此那個時候的資金創造是按照1：1的比率，無限地增長，考慮到存款準備金的時候，問題就不一樣了吧？」

「是啊。如果韓國銀行提高存款準備金率的話，被困在韓國銀行而不能貸出去的資金會更多，這麼一來，市場中的資金供給會減少，導致資金流動性減少；反之，如果降低存款準備金率的話，銀行的貸款能力會提高，市場中的流動性就會增加了。」

「是的。沒那麼難吧？然後我們接著說說貼現率吧，基本原理是一模一樣的。你聽過總額限度貸款或是貼現率這些辭彙吧？」

「是的，這些辭彙好像是聽過不少次，但是我不知道這些辭彙是代表什麼意思。」

「如果個人和企業需要資金的話，就可以從金融機構那裡借錢過來；同樣，如果金融機構需要一筆資金的話，也可以從韓國銀行（中央銀行）那邊借來資金。這個時候，韓國銀行能貸給民間金融機構的最高額度就叫『總額限度貸款』；而這個時候適用的利率就叫『貼現率』。金融機構一般是用收到的存款作為貸款資金，但也有時候是用那些從韓國銀行借來的低息資金來貸給客戶，因此，韓國銀行可以通過調整總額限度貸款或是貼現率來調整金融機構的貸款需求，最後以此為基礎來調整市場中的流動性。」

「比如說，如果韓國銀行提高了總額限度貸款，那麼金融機構的貸款餘力會增加，再通過貨幣的乘數效應來影響市場中的流動性。」

「對，就是這樣。那麼貼現率又會是怎麼樣呢？」

「這個嘛……降低貼現率的話，金融機構的資金融資成本也會跟著降低，這樣會使金融機構積極利用總額貸款來獲得資金並將其貸出去，這麼一來市場中的貨幣量勢必會增加；反過來說，如果提高貼現率，那麼總額貸款的利用量會減少，貨幣供給量也就減少了。」

「對，就是這樣，很好。」

這一年的十一月末，韓國銀行提高了存款準備金率。這一次的動作，距離上一回相隔了十六年，迄今為止，韓國銀行主要是通過變更折借利率、公開市場操作的方式來實施其貨幣政策。因此這一次提高存款準備金率是非常罕見的做法，其理由是因為當時房地產市場上漲勢頭非常猛烈，政府三番兩次地實施抑制政策都不見效果，為了抑制其過熱的勢頭，政府就想到了減少市場流動性的必要性；由於提高拆借利率的方法會對經濟造成整體的影響，很可能進一步惡化當時已經不算太好的經濟狀況，因此，韓國銀行才選擇了提高存款準備金率的方式，直接從市場吸收過剩資金。

怎麼也降不下來的房價，政府也無法戰勝市場

「崔哥，你覺得房地產市場會怎麼發展呢？我看政府一直推出各種政策，但是房價就是不降啊。」

「小金你是怎麼看的？」

「這個嘛……我覺得經濟學家們批評得很對，政府一直用稅收來抑制需求的方法是錯誤的，應該是提供更多的房屋供給來抑制價格。」

「是啊，實際上政府的房地產對策是很失敗的。失敗的原因主要在於政府試圖正面對抗市場，但政府也有無法戰勝的對手——那就是『市場』。隨著經濟發展程度越高，市場經濟越發達，市場經濟的作用也就越大，政府能夠調整市場的力量也越來越有限；當然如果政府干預市場的方式正確的話，確實能對經濟發揮某種程度的影響，但是，如果政府要對抗市場的話就另當別論了。低利率和流動性過剩導致

房地產需求增加，這是一個必然的過程，像這樣的市場現象就需要藉由另外的市場行為來解決——擴大供給；但政府卻實施了抑制市場需求的政策，這是逆流而行的做法，肯定不能產生正面的效果。」

「不過政府要是設定了某種政策方向，就會動員所有能用到的手段，最後還是會實現它的目標，不是嗎？房地產價格沒有按照政府的想法走低，政府就拿出更為嚴厲的政策。雖然到現在為止還沒有成功抑制房價上漲，但是將來應該會有更多的政策、對策，最終還是會抑制房價吧。我是這麼想的，不知道對不對？」

「房價上漲勢頭最終會停止，這一點我也同意，但是這不是因為政府的強硬政策，而是因為房價的過度上漲導致的自然價格調整而已，因為現在的房地產價格確實有些不正常。」

「啊……」

「政府在對抗市場的戰役中以失敗告終的案例並不只是這一次。一九九七年亞洲金融危機的時候，韓國發生外匯危機也是因為政府貿然對抗市場，而使用了抑制匯率上漲的政策；當時，韓國的經常收支連續好幾年都是赤字，韓國的很多大型企業集團都面臨著倒閉的危機，甚至還有外部的亞洲金融危機。在這種情況下，韓國的韓元幣值只能是下跌，也就是匯率必定要上漲，但是韓國政府堅持要維持韓元的匯率，最終只是浪費了韓國的外匯儲備，使國家陷入債務危機的困境。一國經濟進入全球化階段以後，『市場』不再只是單純的國內市場，而是面向全世界投資者的全球市場。政府對抗市場也就是說政府對抗全世界的投資者。」

「真的，政府也贏不了市場啊。那麼我們的投資策略最好也是順應市場的潮流了，不可以逆流而上啊。」

「這個嘛，要把政府干預市場的方式考慮進去吧。政府要是實施一種抑制政策，要改變市場流向，那麼我們不能盲目追隨政府政策；因為從短期上來看，政府好像是壓制了市場流向，但從長期上來看，卻注定失敗——因此，如果我們手上握著的資產是長期投資，當然就要追隨市場的流向，政府的政策大部分只能調整市場流向的速度，很少能夠改變市場的流向。反過來說，如果政府承認市場的潮流，在這基礎上通過調整利率上漲速度或者調節匯率變化速度等政策，來調節市場變化的速度，那麼我們就應該追隨政府的政策。還有，有些時候因為投機性資金的炒作，市場會發生一時性的錯亂現象，這個時候政府的矯正政策是很有效的。總的來說，我們投資者既不應對抗市場潮流，也不應對抗政府政策。」

金曉陽在失業第三個月的時候，再次找到了工作——KS電子，終於結束了為期三個月的休假。在這段時間，金曉陽再一次確認了老婆對自己的愛情，又一次慶幸自己是一個幸運兒，老婆一直很信任自己。也正是因為這樣，金曉陽在這三個月時間裡沒有感到多大壓力，可以好好地給自己充充電。

金曉陽剛剛開始待業生活的時候，老婆就和金曉陽約定，絕不能做日內交易（Day Trading）。只是他每天白天都在家裡待著，容易感到無聊，實在很想打開HTS（Home Trading System）在家裡開始買賣股票。不過還好，老婆在電腦螢幕上貼了一張小紙條，上面寫著：「親愛的，我相信你！我愛你！」要不是這個小紙條，金曉陽或許早就開始了日內交易，越陷越深。真不知道該怎麼感謝老婆大人當時英明的決定，及時根除了金曉陽的慾望……

二〇〇九年……

「媽媽，搬家以後我可以找朋友們來家裡開生日派對嗎?」

「當然可以呀。小草想招待朋友們，媽媽隨時都歡迎。」

「媽媽，我也要我也要。小芽也要和朋友們一起過生日。」

「好，好。」

老婆在孩子們的寢室，正哄著孩子們睡覺。這個房子再過一週就要說拜拜了。這個半地下的房子，雖然條件不是太好，但對於某些人來說也應該是不錯的選擇；不過金曉陽卻不這麼想，雖然一開始的時候金曉陽也努力想讓自己認為這個房子不錯——還能找到這麼一間房子算不幸中的大幸了——但這種自我安慰沒能堅持多久，因為他心中滿是懊悔，要不是因為自己炒股失敗，就不會為了還債而賣掉老婆繼承的房子，也不用搬到這個半地下的房子來，孩子們也不會那麼難受，更重要的是……孩子們也不會患上呼吸道疾病，老婆也不用出去工作，孩子們也不用過著媽媽不在家的日子……想到這些，眼淚又開始不停地往下掉。雖然老婆和孩子們不曾埋怨過金曉陽，但是金曉陽卻無法原諒自己。

要怨還是怨自己，這個房子本身沒有錯。在這裡，小芽誕生了。金曉陽每天回家一打開門，兩個孩子就會迎面撲過來。旁邊的牆壁是小芽第一次站起來量身高的地方。耶誕節的時候都會有一棵聖誕樹（雖然不那麼大）在門口閃閃發光。廚房呢，老婆下班以後會拖著疲勞的身體，在那裡給一家人做飯。客廳裡，金曉陽和孩子們一起看電視，一起玩耍。假日的時候，金曉陽夫妻睡個懶覺，孩子們就會鑽進他們夫妻的被窩。小草生病難受的時候，大家一起在裡屋睡覺。小草還在浴室摔倒過，後腦勺長了一個大包。但也就在那個浴室，金曉陽和孩子們一起戲水玩耍，度過了快樂的夏天。孩子們的房間裡能看到他們成長時的點點滴滴。金曉陽現在站著的小房間裡就曾是家人們一起吃飯聊天的地方，孩子們就在這裡給爸爸媽媽唱歌跳舞。

不知道自己搬走以後，會多懷念這裡的生活。

你不可不知的理財祕密

財經部門的政策目標是經濟成長，而中央銀行（韓國銀行）的政策目標是物價穩定。因此，財經部門和韓國銀行在作出有關經濟政策的發言時，他們之間不同的目標會造成不同的立場。這一點要好好記住。

★ 開發中國家倚賴低廉的人工，藉由投資來推動經濟；已開發國家倚賴高國民收入，藉由消費來推動經濟。

★ 開發中國家最具代表性的政策手段是利率政策，它能直接調節投資活動；相反地，已開發國家綜合運用利率政策和稅收政策，各自調節投資和個人消費。減稅或退稅能夠提高個人的可支配收入，擴大消費從而推動經濟成長。

★ 刺激經濟的擴張性財政政策中，增加預算、提高政府支出的方式，是由政府來花錢；減稅和退稅的方式，則是由個人和企業來花錢。這是由政府對市場的信任程度來決定的。

★ 政府也有無法戰勝的對手，那就是「市場」。市場經濟越發達，全球化越深入，市場的作用也就越大，政府調節市場的力量也就越弱；因此，政府想要改變市場流向的政策很有可能失敗。

CHATPER 6

第六章

感覺到的經濟狀況並不一定就是真實情況

經濟低迷不等於消費低迷。危機其實正是機會，當人們恐懼、害怕的時候，機會就在那裡。英雄才能配美人，跟別人走不同的路才能獲得財富。

二〇〇六年，金曉陽的投資收益率沒有那麼高。二〇〇七年初，中國股市急跌，告訴了金曉陽這是日圓套息交易（**The Yen Carry Trade**）開始回流的信號。從這一年的夏天開始，韓國股市的股價指數也開始急劇上漲，金曉陽開始整理基金和直接投資項目，準備買間房子。

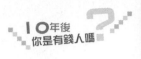

二〇〇八年，各種經濟指數出現反覆上漲和下跌的現象。崔大友告訴金曉陽，要冷靜的區分「理財景氣」和「體驗景氣」。

終於買到三十二坪大房子的金曉陽一家，還有兩週就要搬家了……

從投資的角度來看，二〇〇六年是無趣的一年。老婆買的基金從年初到年末幾乎沒有提高利潤率，金曉陽的直接投資居然還出現了一些虧損。上半年，雖然市場變動性很大，但是金曉陽只有少量獲利；到了下半年，股市進入上升通道，可是金曉陽的帳戶卻發生了虧損，這是因為年初他出售了一部分股票，不料五、六月份股價猛漲，所以他犯了一個錯誤——追漲。股市短期調整的時候獲勝的機率較低，因此應該要離開股市一段時間，或者按照長期投資的計劃來進行投資；可是金曉陽耐

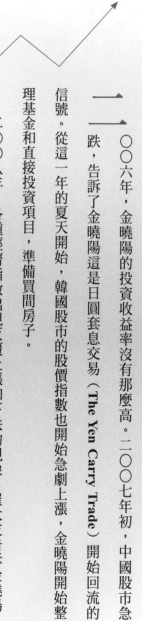

不住寂寞，玩了幾次短期炒股，結果就虧了。

金曉陽倒是不太在意這些損失，其實也沒多少，但是對於自己沒有能遵守「不炒短期」的諾言，感覺很失敗——前些時間獲了一點利，就自以為是股神了，無視市場潮流胡亂投資，這下還不是虧損了。

二〇〇一年夏天開始到二〇〇六年年末，這五年半左右的時間內，金曉陽的炒股投資獲得了 250% 的利潤，原來的本金是 500 萬韓元，現在變成 1800 萬韓元；考慮到這段時間內，KOSPI 從 500 點攀升到了 1400 點出頭，那麼金曉陽是實實在在地跑贏了大盤。這些還得多虧金曉陽在股價上漲和下跌的時候，適時地調整倉位，儘量做到多賺少虧。不過在這段時間內，有些股票型基金獲得了 450% 的收益率，遠遠高於金曉陽的收益率。

二〇〇六年最大的熱點應該是美國 FRB 的連續加息以及高油價、原物料漲價導致的通膨憂慮。很多專家預測這一年將會出現市場流動性縮小、經濟萎縮的現象；不過實際情況卻沒有朝專家們所預想的方向發展，二〇〇六年的流動性過剩現象持續到了二〇〇七年，這種低物價和高成長的好光景是因為中國扮演起了世界工廠的角色，向全世界供應低價商品，防止了通貨膨脹，中國、印度等開發中國家成為世界經濟新的增長動力；另外，還有一點很重要的原因：日圓套息交易開始活躍起來。

錢多了，資產價格就會水漲船高

二〇〇七年……

二月二十七日，上海股市在一天之內暴跌了8.84%。前一天，也就是二月二十六日，上海股市上漲了1.4%，突破了3000點，但是到了二十七日，一千多支股票跌停，整個股市下跌了很多。

上海股市暴跌引發了全球股市暴跌，連美國股市也暴跌了3.29%。

三一節早上，金曉陽和崔大友乘車前往如意島，今天有一場馬拉松大賽。金曉陽和崔大友兩個人都愛上了馬拉松，雖然兩個人都還沒有跑完過整個賽道，但現在的紀錄維持在兩個小時左右，成績還不算太差。

「崔哥，我看前兩天中國股市暴跌了，這是怎麼回事呢？」

「看新聞也看不出來很明顯的原因吧？說實話，我也還沒找到令人完全信服的原因。研究機構發布的報告指出，中國提高人民幣匯率、加息可能性、抑制股市過熱政策等，但是這些理由都是被說了很長時間的，不算這次股市暴跌的原因。」

「是喔？3000點好像是個頂，不太好往上衝……不管怎麼樣，真是很刺激呀，上漲的時候是飆漲，下跌的時候也是一瀉千里……」

「不過這裡有一個要特別注意的地方。」

「是什麼？」

「有些觀點把這一次的中國股市暴跌看成是日圓套息交易（套息交易，即利差交易，指在低利率的國家借錢後，再換成較高利率國家的貨幣進行投資或出貨，從中賺取利差）的結束。」

「是嗎？不過話又說回來，日圓套息交易有那麼重要嗎？」

「嗯，是的，因為它關係到『錢的力量』。」

「錢的力量？」

「你聽過流動性過剩這個詞吧？」

「嗯，新聞上說，現在是全球性的流動性過剩狀態，我看過好幾次這種報導。」

「日圓套息交易發展後，市場中的流動性急劇增加，這個流動性又把債券、股票、房地產、原物料等資產的價格推向了更高的水準。反之，日圓套息交易開始回收，就是意味著流動性收縮和資產價格的下跌。」

「您可不可以再解釋一下呢。」

「流動性過剩，就是指在市場中的資金比正常水準高出了很多，資本這個東西有一個特性，就是『資本追逐利潤』，所以這些市場中多出來的資金為了追求利潤，會集中到股票、房地產、原物料等資產中；這麼一來，資產價格就只必定上漲了。二〇〇一年以後，世界性的資產價格上升現象之所以一直持續，就是這個原因。」

「嗯，新聞上也是這麼說的。不過，我還有些不太懂的是，各國政府不是應該會靈活地調整貨幣量嗎？怎麼會發展到流動性過剩的狀態呢？」

「你還記得乘數效應嗎？比起政府直接供給的貨幣量，那些被乘數效應創造出來的量多得多；而且，即使政府供應了同等量的貨幣，隨著市場交易速度、貸款規模等因素的變化，乘數效應創造出來的資金量遠遠高於人們的想像。讓我們來看看最近的流動性過剩是什麼原因造成的吧。到二〇〇四年為止，美國等世界大部分國家都實施了低利率政策，導致了市場中的流動性快速增加，美國的利率是1%，歐盟是2%，日本的利率甚至達到了幾乎為0的水準；這樣一來，貸款利率也跟著下跌，貸款利率下跌以後，人們會用貸款來購買資產或者消費，這又導致了流動性的爆炸性成長。即使政府沒有增加貨幣供應，也會因為市場利率下跌，導致市場中的貨幣創造速度遠遠高於以前。韓國也是如此，韓國的拆借利率跌到了3.25%，貸款利率跌到5%以下，導致大家都從銀行貸款出來去投資股市……」

「原來是低利率效應，使得市場中的流動性過度膨脹了呀。可是現在美國的利率已經漲到了5.25%，全球其他國家的利率也在上漲，為什麼流動性過剩的狀態一直持續呢？」

所有經濟現象的背後都是利益驅動

「二〇〇四年以後，市場利率開始上漲，現在的情況不是低利率，而是高利率；但是流動性依然在增加，這是為什麼呢？答案很簡單，就是因為日圓套息交易。

順便考你一下，你知道日圓套息交易是什麼吧？」

「嗯，套息交易就是借低息國家的貨幣，再投資到高息國家的貨幣、債券、股票等資產的投資方式；日圓套息交易也就是從日本以低息借入日圓資金，再投資到其他高息國家的資產上，以此來獲得兩國之間的利息差額。例如，以1%的利率，從日本借來日圓，再投資到收益率5%的美國國債，這麼一來就能保證4%的利差收益。」

「對，就是這樣。套息交易的出發點就是為了獲得兩國之間的利差收益，事實上，日圓套息交易的快速發展是從日美兩國之間利率出現差異的時候開始的。美國和日本的政策利率之間的利差，到二〇〇四年上半年為止本只有1%不到，但是從二〇〇四年七月份美國加息以後，日美兩國之間的利差就開始逐步拉大，到了二〇〇六年達到了5%。追逐利潤的國際投機資金或者是避險基金（對沖基金），當然不會放過這個千載難逢的機會，於是大舉進行了日圓套息交易；而且那些不滿足於日本國內利率的渡邊夫人（Mrs.Watanabe，即炒匯的日本太太團，在日本後來被引申為投資散戶的戲稱）也開始從銀行貸款進行海外投資。種種做法都導致日圓套息交易迅速擴大。」

「日圓套息交易也和低利率一樣增加流動性呢。」

「是的。那麼我再問你一個問題。日圓套息交易擴大以後，日圓價值是會上漲呢還是會下跌？」

「是啊……日圓套息交易對日圓價值產生什麼影響，我沒考慮過耶……」

「日圓套息交易是從日本借款來投資到別的國家吧？日圓在世界市場的供應變多後，日圓就變得不那麼稀少了，所以日圓的價值就會下跌，這個時候，那些為了日圓套息交易而借入日圓的人們，他們會贏利還是虧損呢？」

「這個嘛……當然是會獲利了。比如說，匯率是1美元兌100日圓的時候，在日本借入10000日圓，換成100美元投資到美國；等要還債的時候，假設匯率漲到了1美元兌110日圓，那麼只要91美元就可以換到10000日圓。最後還剩下9美元的利潤。」

「對，就是這樣。日圓套息交易擴大以後，日圓供給會增加，導致日圓價值下跌，最後會給投資者帶來利差收益和匯差收益。這麼一來，那些在日圓套息交易上嚐到甜頭的人會再次進入市場，進行日圓套息交易，而且會有越來越多的人加入到這個行列中來，這又會進一步導致日圓價值的下跌，再度觸發日圓套息交易增加……日圓套息交易和日圓下跌就像是互相促進一樣。那麼，小金你說說，日圓套息交易增加後，對日本企業的出口產生什麼樣的影響呢？」

「日圓價值下跌，會提高日本產品的價格競爭力。因此，日本的出口會增加？」

「對。最近新聞上總能看到日本的出口連續刷新歷史紀錄這種消息吧？就是因為日圓套息交易的效應。出口擴大導致經濟景氣回復，外匯湧進日本，使得日本越來越富強。本來，外匯流入日本之後，應該會出現日圓價值上漲、出口減少的現象，但是，因為日圓套息交易流出去的日圓遠遠多於通過出口賺進來的外匯，導致日圓價值不漲反跌，日圓價值下跌後，又促進出口……日圓套息交易引發的匯率下跌，導致出口擴大，海外資產持有額持續增高……這種狀態對於日本政府來說是最令人高興的。相反地，對於和日本在世界市場上經常競爭的國家來說，這卻是一段難捱的時期……」

「原來是這樣啊。我之前看日本企業的出口增加，經常收支順差節節攀升，連續刷新歷史最高值，但是日圓卻不漲反跌，一直感到很奇怪。現在終於懂了。」

「你有看到那個新聞吧？最近政府在研究海外基金免徵稅的方案。本來，韓國的投資者在海外獲得的投資收益也是要回本國繳稅的，但現在給他們免去這個稅賦，便能促進更多個人投資者去海外投資，也就是說，韓國政府打算利用出口賺來的外匯，以投資基金的形式投資到海外的資產，藉此來阻止韓元匯率下跌（也就是阻止韓元價值上升）。二〇〇六年放鬆海外房地產投資管制的政策，也是出於同樣的想法……」

「最近因為韓元升值，很多韓國國內的出口企業的日子都不好過，所以政府才想把韓國國內的資金流到國外去，阻止韓元升值，改善出口條件？」

「是的。」

車子已經駛入了如意島，雖然是假日的早晨，但因為有很多參賽者來到這裡，開始塞車了。

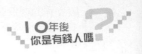

開往懸崖的加速列車

「不過經濟這個東西吧，從來都不是只往一個方向走的，正確地說，它是一種循環的過程。既然日圓套息交易這麼活躍，那麼早晚有一天，日圓套息交易就會開始收縮起來，從這個意義上來說，把前兩天中國股市下跌和日圓套息交易的結束聯繫在一起的觀點就變得很重要。如果日圓套息交易開始收縮，那麼在全球市場上，極有可能引起一場大地震。」

「會發生什麼危機呢？」

「如果說日圓套息交易帶來了流動性膨脹，那麼日圓套息交易的收縮就會帶來流動性收縮吧。日圓套息交易資金並不是單純地想要獲得利差收益而投資到高利率國家的國債上的，雖然沒有對日圓套息交易的詳細分析資料，但是大部分專家都認為，日圓套息交易的資金大致上都流向了房地產、股票、原物料市場，只要能獲得貸款利率以上的收益，那麼就不挑投資標的了。在韓國也有一個大家都知道的祕密，就是用低利率的日圓貸款來投資房地產的做法，甚至有些房地產的廣告商還公然張貼了日圓低息貸款的廣告……不管怎麼樣，如果日圓套息交易的資金投資到了股票、房地產等資產，那麼當日圓套息交易收縮的時候，這些資產的價格必然會開始下跌。」

「但是，真的會像新聞上說的那樣，日圓套息交易已經開始收縮了嗎？」

「這個嘛……現在還不能下定論，還是靜觀其變吧。」

「那麼崔哥您認為什麼時候才可以確定『日圓套息交易開始收縮』了呢？」

「日圓套息交易的收縮應該會有很多不同的版本和形式。首先，如果日本利率上漲或者美日之間利差縮小的話，日圓套息交易的魅力就會下降，導致日圓套息交易開始收縮；或者，如果市場上預測股價或房價等資產價格會下跌，那麼集中在這些資產上的日圓資金就會開始回流出去，最終導致日圓套息交易資金的收縮。這邊我們也要注意一點，就像日圓套息交易的擴大過程中出現加速現象一樣，日圓套息交易的收縮過程中也會出現加速現象。」

「加速現象？」

「例如，有一個投資集團，從日本以1%的年利獲得貸款，在美國運用其資金獲得5%的年收益，這個時候他們的利差收益是4%；假如，不管什麼原因，過了一年以後這個投資集團開始回收日圓資金，那麼這個投資集團首先要出售美元資產來購買日圓，對日圓的需求就增加了，那麼日圓的價值會上漲，這樣對其他的日圓套息交易投資者來說，帶來的收益會減少，因為他們將來要買回日圓的時候，就要付出更多的美元。如果日圓價值在短期內上漲了4%，而且預計將來還會上漲，那麼這些套息交易者就可能蒙受損失，他們獲得的4%利差收益瞬間就會消失，所以他們會選擇在損失擴大之前處理手中的日圓套息交易。這樣一來，對日圓的需求就更多了，日圓價值便會再上漲一次，這樣會誘發日圓價值的再一次上漲。也就是說，日圓價值上漲↓日圓套息交易收縮↓日圓價值再一次上漲↓日圓套息交易收縮……像這樣，日圓價值上漲和日圓套息交易收縮的過程會互相作用、互相加速，不管是出於什麼理由，一旦日圓套息交易開始收縮，日圓價值就會迅速升值，日圓套息交易就會再加速收縮，也就是說，會發生資產價格的急劇下跌。」

「聽起來真可怕。」

金曉陽聽了崔大友的說明後感到一絲絲寒意，他禱告前兩天的中國股市暴跌不是日圓套息交易的收縮信號和資產價格下跌的號角，因為他好不容易才捱到了去年年末的房價漲勢稍減，現在只要基金方面再加把勁就能買房子了。

「為了觀察日圓套息交易是否開始收縮，我們最好持續關注美元兌日圓的匯率，如果日圓價格急升，那麼就有可能是日圓套息交易收縮的信號，需要保持足夠的警惕。」

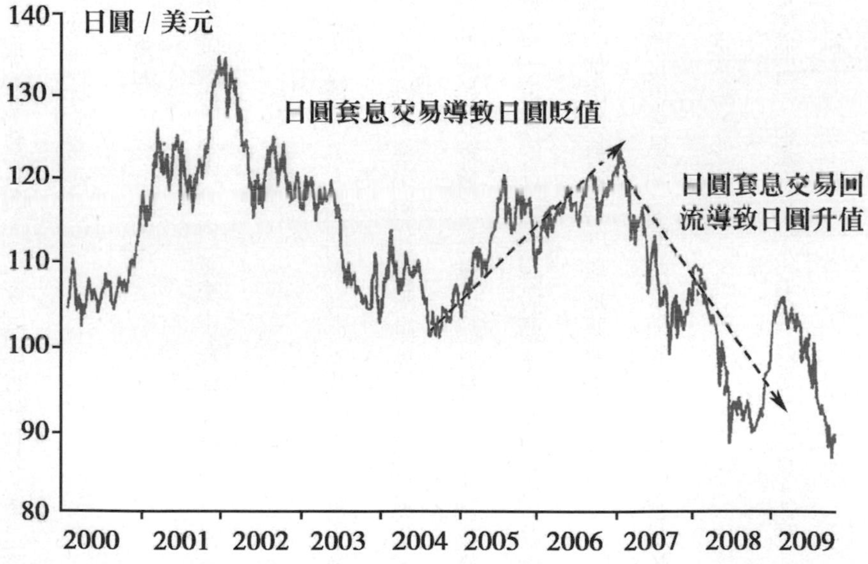

日圓兌美元匯率走勢

「如果日圓套息交易開始收縮了，那麼還會有哪個國家因此獲利嗎？要是資金再回到日本的話，日本的股市應該會不錯呀。」

「這個啊……好像也不是那麼一回事喔。」

「哦？崔哥您不是一直都重視資金的流向嗎？資金集中在什麼地方，其價格就上漲，這不是您的理論嗎？」

「對啊。不過這一次的情況有點不一樣，這一次回流到日本的資金是為了還債的資金，而不是為了購買資產的資金，所以不會出現日圓流動性大幅增加導致資產價格上漲的情況；反之，日圓套息交易開始收縮後，日圓開始升值，日本出口企業的價格競爭力下跌，經營業績會很難看，這樣的話，你說股價是會漲還是會跌呢？如果說日圓套息交易對於日本是好事，那麼套息交易的收縮應該就是壞事吧。」

「聽您這麼說也挺有道理的。那麼，當套息交易開始收縮的時候韓國會受到什麼影響？」

「對於韓國來說，短期內應該是壞消息，但從長期來看應該是好消息才對。」

「是嗎？」

「韓國也有很多日圓套息交易的資金流進來了，雖然具體規模多大還不太清楚，但確實不在少數。如果發生套息交易收縮，那麼外國投資者應該會出售股票、債券等資產，那麼從短期來看，韓國的股價會出現一輪調整；不過，日圓套息交易收縮的時候，日圓升值和韓元的相對貶值效應會導致日本商品的價格比韓國商品的價格相對上漲，你也知道在世界市場上，日韓兩國企業的商品往往都是競爭對手，所以一旦套息交易收縮的時候，日本企業會因為出口條件惡化導致經營業績下滑，韓國企業會因為日圓升值導致出口大幅改善，所以從長期來看，韓國的股價就會上漲了。也就是說，如果日圓套息交易的收縮引發了 KOSPI 的短期調整，那麼也是一個低價抄底的好機會。呵呵。」

「哦，久違的好消息嘛。剛才一直聽您說日圓套息交易收縮時會引起資產價格下跌，我心裡還一直很緊張呢。」

漢江周圍的停車場都被那些來參加馬拉松的參賽者塞滿了，金曉陽他們穿上了運動服，背後貼上號碼，看著來來往往準備參賽的人們，金曉陽心裡的求勝慾油然而生。今天這一次的目標是堅持一小時五十分鐘。

股價指數突破 2000 點

中國股市暴跌以後，韓國股市雖然出現了短期調整，但很快就找回了穩定。股價在三月份沒有什麼太大的突破，到了四月份就開始放量上漲了。四月 1550 點，五月 1700 點，六月 1800 點，二〇〇七年七月二十五日突破了「夢之 2000 點」；那些在 1500 點到 1600 點附近著急賣掉股票的人們到了這個時候只能後悔莫及了，1700 點到 1800 點附近賣掉股票的人們心裡也不好受。股市已經完全被投資者們的熱情給淹沒了，到處都刮起了基金旋風，有些證券機構預測的當年最高股價指數甚至達到了 2200 點到 2300 點。

對於金曉陽來說，這段時間很開心。股價上漲越多，離搬家就越近。

不過突破 2000 點的喜悅也只是暫時的……第二天，股價指數就開始下跌，沒過三週，就回到了 1600 點左右，八月十六日時，股價甚至在一天之內下跌了 6.93%。包括韓國在內的大部分國家，股價指數在這段時間內都出現了急跌現象；造成這現象的主因來自於美國的股市下跌，第二天，報紙用驚悚的「次貸危機」這個很陌生的辭彙來定義它，而對於很多人來說，他們連「次貸」是什麼意思都還搞不清楚，更別提聽到「次貸危機」是感到多麼恐懼了。

P.S.

次貸，即次級貸款，是為信用評級較差、無法從正常管道借貸的人所提供的貸款。利率一般較正常貸款高，採浮動利率，對借款人來說風險較高；而對貸款商來說，也因為違約率較高，有更高的信用風險。

次貸危機則是因為政策利率的調升，造成房地產業緊縮與與資產的縮水，引發次級房貸的違約率攀升以及後續一連串的反應。

當泡沫不斷變大，危機就會爆發

二〇〇七年……

「崔哥，今年的年假您休完了嗎？」

「七月末跟家人一起去了一趟濟州島。」

「真好啊，很好玩吧？」

「嗯，在濟州島玩的時候挺好的。不過一回來就受不了了。一天之內股價變動120點以上……今天一整天都在接客戶打來的電話，累死了。」

「我能理解。有在玩股票的人也都說今天的股市亂得無法形容，更何況您的客戶大多都是沒有什麼經驗的人……很多人甚至開始擔心股市就這樣崩盤了呢。」

「小金你怎麼看今後的走勢?」

「這個嘛……我覺得現在下結論還為時過早，現在是市場受到衝擊的時候，至少先等到市場心理穩定以後再作判斷吧。若只從國內角度來看，企業業績也不錯，收支狀況也沒問題，股價應該會繼續上漲，但……這個次貸危機實在讓我很不安，去年三月份，美國的第二大次級房貸公司新世紀金融公司（New Century Financial Corporation）宣布了收支不抵，六月份貝爾斯登收回了兩個避險基金，前兩天BNP銀行（法國巴黎銀行）的三個ABS（資產擔保證券）基金停止贖回……這些現象應該要予以足夠的重視吧?」

「是的。而且美元價值一直在下跌，市場上的信用溢價也在一直上漲……金融市場開始出現資金流動性不足的現象。當然，我也覺得應該再關注它一陣才能下判斷，不過現在至少可以感覺市場發展的徵兆並不是很明朗。」

「我的想法也是一樣的，不過崔哥，您覺得美國的這個次貸危機會怎麼發展呢？」

「這個嘛……一些金融專家倒是提出了很悲觀的預測，也就是這樣：住宅市場惡化和加息，導致個人還貸壓力增加↓不良貸款增加↓次級貸款公司出現危機↓投資到次貸債券的避險基金出現危機↓投資到避險基金的銀行出現危機↓中小型金融機構倒閉。不過 FRB 主席柏南克說了，一定會阻止次貸危機擴散到其他部門去，所以我們先看看他們怎麼做再說吧。」

「我最近看到一則有趣的新聞，它提到一九八七年的黑色星期一，一九九七年的亞洲金融危機，以及現在的二〇〇七年次貸危機……每隔十年好像就會出現一次大型金融危機，也就是『十年週期危機理論』。不過為什麼會定期地發生這些大型金融危機呢？」

「任何一種經濟發展都不會只往一個方向發展，也就是說，有了上漲（擴張）就必然會有下跌（收縮）。當人們錯誤地相信經濟會一直好下去的時候，泡沫就會產生並吹大，當泡沫吹到無法再吹大的時候，就會爆炸，危機就爆發了。事實上，當某種經濟現象持續一段時間以後，人們會把它當成是理所當然的事情，以為那種狀況會一直持續下去，並錯誤地去相信它。投資名言裡面也有一句話叫『股價上漲的時候人們相信它會一直漲上去，股價下跌的時候人們相信它會一直跌下去』，對吧？」

崔大友頓了一下繼續說道：「這一次的次貸危機也是這樣，人們一直以為美國的住宅價格會一直漲上去，所以當住宅價格突然開始下跌，才導致了這次危機。二〇〇〇年以後，全球性的低利率時代讓人們能用少量的利息負擔去借入大筆的貸款，人們用這些貸款投資到了住宅，住宅需求就相應增加，房地產價格也就因此上漲，上漲後，又回過頭來促進了住宅投資……於是，用貸款買房的人也就越來越多，於是房地產價格就一直飆升……在這樣的狀況下，人們開始錯誤地相信『住宅價格會一直漲上去，所以即使從銀行貸款來買房子也能賺到錢』這種論調，最終，當銀行開始貸款給那些信用級別不夠的人來購買住宅後，住宅擔保市場也就空前地膨脹了。」

崔大友看了金曉陽一眼，似乎在確定他能夠跟得上自己的思緒，然後才繼續解釋。

「但是，住宅價格絕不可能一直漲上去的，這種上升通道必然會迎來轉折的那一天，因為住宅價格上漲會導致住宅需求下降，價格上漲終究會到達它的上限……於是，當過高的利息負擔開始讓住宅持有人賣出他們的住宅來還債時，住宅價格將開始下跌，而那些以投資為目的的購屋者也會跟著開始出售他們的房子，於是房價又會進一步下跌，接著，被金融機構收回去的房子也會流進住宅拍賣市場更進一步拉下房價。到了這一步，房價下跌的惡性循環就開始了。」

「人就是因為貪婪才會招致厄運吧。說白了，在這次的次貸危機之前，人們都想用別人的錢來賺錢……但是世界上哪有免費的午餐呀，這種賺錢方式肯定不會長久的。我一直以為已開發國家的人們會很理性地思考，現在看來好像也未必是那麼回事。」

「人不都是一樣的嘛。當經濟發展朝向一個方向走的時候，一定要小心；投資勢力一旦開始大規模地加進來後，就會出現市場過熱現象，然後會引發嚴重的後遺症。次貸危機應該也是這樣吧，想用別人的錢來賺錢的投機者，導致了住宅價格過度上漲，現在只是它的後遺症出現了而已。回過頭來看，韓國的房地產市場也是一樣，房地產價格好幾年都漲個不停，人們開始用貸款買房子，但這種泡沫有朝一日肯定會破滅的——當價格上漲到極限，價格開始下跌的話，用貸款買房子的人會第一個把房子賣出來，從那個時候開始房價就要下跌了。」

「不管怎麼樣，我希望這個次貸危機早日結束。我們無法控制的外部因素導致股市反覆漲跌，實在是很難應對呢。」

「你就當它是投資生涯中的某個過程吧。人在投資界，時好時壞是正常現象，股價不會一直上漲吧。對了，你的買房計劃怎麼樣了？」

「現在還沒有下最終決定，一直苦惱著呢。不過我想在不遠的將來會贖回我們家買的基金。雖然我覺得股市遠比房地產市場有魅力，但我也不敢太貪婪，要不然萬一買不成房子就得哭了……」金曉陽依然對股市有著迷戀之情。

「不錯，這個決定很好。對你來說是一個艱難的決定吧？」

「孩子們長大了，總跟我吵著要搬家，而我自己也想把虧欠老婆的那份債還清，找回輕鬆的心情。」金曉陽說到這裡，加重了語氣，像是和自己做了一個約定一樣。

「是啊是啊，想得很好。房子開始找了嗎？」

「沒有呢，我想先把基金贖出來以後再慢慢看，到時再從那些急著賣的房子入手。我怕如果現在先簽好了合約，之後不管股價下跌還是上漲我都得贖回基金來付清房款，感覺很危險，而且我覺得房價還會再跌一陣子。反正我們家兩個人都在工作，先去親戚家住一陣也沒什麼，還能請他們幫我們在白天看孩子呢。」

「哦，是嗎？你要是搬走了我還挺捨不得你的呢。要是能住在附近，有空多聚一聚就好了。你大嫂和孩子們也都會捨不得你們的。」

幸虧，從那之後股價一直在上漲。到了十月份，重新回到了 2000 點，刷新了上次的紀錄。股價上來以後，金曉陽倒是沒法輕鬆地清倉了。「再來一點兒，再來一點兒」這樣的貪慾讓金曉陽捨不得賣出現在持有的資產。

出手快慢定有無，速度決定一切

二〇〇八年……

從年初開始，金融市場就很混亂，幾乎讓人找不著頭緒。股價從新年第一天開始下跌，一月份就已經跌了14.4%，二〇〇七年年末飆漲的利率也在一個月內從5.74%跌到了5.04%。外匯市場因為日圓套息交易收縮，日圓價值在短期內飆漲，日圓兌韓元匯率從838.40韓元／100日圓，在一個月內漲到了886.16韓元／100日圓，漲了5.7%。金融市場的這種高變動率給市場投資者帶來了前所未有的不安。金曉陽也是其中之一，他因為無法理解大幅變動的金融市場，於是去向崔大友討教了一番。

「崔哥，我看最近利率和匯率在短期內反覆漲跌，不知道為什麼會發生這種情況，我一直認為利率是根據實物經濟情況和資金的供需關係來決定的，次貸危機使得美國經濟有蕭條的風險，但是對韓國經濟產生的影響好像不是那麼嚴重，企業的投資資金需求和資金供給在一個月內不會發生這麼大變動吧？我們應該怎麼解釋最近的利率漲跌現象呢？」

「要理解金融市場在短期內大幅變動的現象，首先要考慮『速度』的問題。思考經濟問題的時候一定要考慮到這個速度差異。」

「速度差異？」

金曉陽不知道崔大友在說些什麼，不是說著經濟問題嗎？怎麼突然蹦出來一個「速度」，什麼速度？

「速度可以分為『進行速度』和『反應速度』。首先來說說『進行速度』的重要性。假如油價在一年內從 100 美元上漲到 300 美元，那麼它產生的影響堪比石油危機吧？反之，如果油價是花了三十年才上漲到 300 美元又會怎麼樣呢？企業和個人能獲得很多時間，來慢慢適應油價上漲，而且國民收入也會在這段時間內有不小的提高，換言之，油價上漲不會產生重大的影響。同樣的油價上漲，但是它的進行速度不一樣，導致它對經濟產生的影響大不相同。在新聞或電視上看專家們預測油價的時候，你不能只看『漲到多少價位』，還要看『到什麼時候為止』這個問題，也就是說，你也要思考它的上漲速度。現在新聞報導上總是為了吸引人們的注意，刻意先把『漲到多少』寫得很大，但是你不能被這些表象給迷惑；如果沒有提到時間，只說到目標價位，那麼這種預測值完全沒有意義。如果是五十年、甚至一百年以後才達到目標價位，那跟現在的投資又有什麼關係呢？」

金曉陽默默的點了點頭。

「接著我們談談『反應速度』。在理解金融市場和實物市場之間的差異時，要考慮『反應速度』，這也是很重要的概念。比起實物市場來說，金融市場的反應速度是很快的。金融商品有股票、債券、外匯等商品，這些商品的買賣相對來說非常簡單和便利，因此對於經濟狀況的變化，金融市場會瞬間作出反應；甚至因為金融市場反應速度快於實物市場，在實物市場上出現變化前，金融市場就開始有變化了。這種情況很常見，比如說，現在有一個預測報告說經濟會蕭條，但是投資者們不會輕易買賣房地產，因為房地產的買賣費用較大，賣掉以後想再買回來就沒那麼容易了，所以通常會等到經濟景氣確實不好、房地產價格明顯下降以後，才會真正發生反應，把它賣掉。反過來說，股市就不一樣了吧？任何時候都能買進，所以大家都很輕易地賣掉股票——金融市場並不等待『變化的結果』。」

「聽您這麼說讓我想起一句名言：『聽謠言買股票，聽新聞賣股票』。」

「對！小金說的這個名言就是一個很好的例子。它說明了金融市場預先反映市場的好消息和壞消息。總之，金融市場是一個反應非常快的市場，它對投資者們的心理預期或是預測的反應非常敏感，比『實際變化』敏感得多；而且，人們的心理本來就很不穩定並且容易過度誇張，因此金融市場往往會比實物市場的反應更為激烈。由於人們會錯誤地認定趨勢的漲跌，股價、匯率和利率等價格在短期內反覆漲跌的原因就在於此。」

「如果像崔哥說的那樣，那麼金融市場的過剩反應，就是因為金融市場和實物市場之間的反應速度上存在著差異而造成的問題囉。市場上發生某種變化時，金融市場會先發生變化，然後才會有實物市場的變化。是這樣吧？」

「對，就是這樣，甚至還會因為人們的心理而影響了實物經濟，當所有人都預期經濟狀況會變差時，雖然經濟狀況並沒有那麼差，但在這樣的心裡預期下實際上經濟狀況就會變差；反之，雖然經濟狀況不好，但是當人們對經濟狀況好轉的期望非常大時，那麼經濟狀況就會變好。去年後的利率反覆漲跌現象也是一樣的道理，雖然實物經濟沒有發生太大變化，但就是因為金融市場參與者的心理偏向和過敏反應造成了這種大幅變動。」

「那麼投資時更應該重視哪一個呢？我們投資金融資產，所以應該以金融市場為中心來判斷吧？」

「這個應該是根據投資者的投資期限而出現不同吧。如果是短期投資者的話，應該更注重短期性金融市場的影響，而不是長期性的實物市場；如果是長期投資者的話，就更應該注重長期性的實物市場，而不是短期性金融市場變動。比如，現在出來了一個預測報告，說將來美元兌韓元匯率會上漲，那麼短期投資者應該考慮外國投資者的行動——外資會在匯率上漲以前收回投資收益——所以這個時候短期投資者應該採取的方法，就是趕在外國人賣掉股票前提前清倉。反過來說，如果是長期投資者的話，則應該考慮匯率上漲帶來的出口增加和企業收益增加等，也就是說實物經濟會變好。所以思考的角度就完全不同了。」

聽了崔大友的說明後，金曉陽這才理解到最近金融市場暴漲暴跌的原因。次貸危機對市場心理產生的惡性影響看來還會繼續一陣子，往後金融市場仍是餘波盪漾啊。

懂得風險管理，不要盲目追求收益率

二〇〇八年二月發表的一月經濟先行指數（前年同月比）明確地顯示了市場

已經進入了下跌通道；去年十二月的經濟先行指數也比上個月跌了一些，但是沒有那麼明顯，所以金曉陽決定再觀望一個月。但最後，他判斷經濟還是會進入萎縮的階段，金曉陽後悔自己當時沒能在2000點的時候贖回基金，到了現在，金曉陽只好先按照自己的投資原則，整理好基金再說；不過，這一段時間正好股價急跌到了1600點附近，他準備先等兩天，等股價反彈以後再賣掉。

二〇〇八年四月的某一天，金曉陽和崔大友約好在某一個地鐵站碰面，一起回家。一直以來，他們倆都有這樣的習慣，一個月大概有一兩回吧，在不影響對方時間安排的前提下，一起碰面討論經濟和市場的問題。

正是四月份日夜溫差比較大的時候，白天熱得像夏天一樣，晚上卻又彷彿回到了初冬。金曉陽在車站等車，買了一份財經報，從頭條開始瀏覽起來，當頭條新聞都看得差不多的時候地鐵剛好進站了，和崔大友約好的地方還要再五站，金曉陽決定先讀幾條自己感興趣的經濟新聞。

幾條新聞幾乎都寫到了令人不安的消息。從次貸危機開始的美國金融危機正在迅速擴大，上個月，貝爾斯登被J.P.摩根收購，美國政府頒布了流動性供給法案；

雖然看上去，最壞的局面似乎是躲過了，但持續惡化的房地產市場依然是世界經濟最大的不穩定因素。而且國際油價的動向很值得注意，年初達到100美元的油價稍微調整過後再一次進入上升通道，現在已經超過了110美元，正邁向120美元的關口，甚至有些金融機構還發布了今年內將達到200美元的悲觀預測。另外，韓國國內的股價在三月份跌到1530點以後，現在又反彈到了1700點左右。

「崔哥，我看最近油價上漲很猛呀。市場的意見好像分成兩派，一派認為，供需不均的狀況無法在短期內改善，所以將來的價格只會繼續上漲；還有一派認為，現在的上漲是因為投機者介入進行炒作，是一種非正常的上漲，現在的價格是泡沫。」

「呵呵。我倒想聽聽小金你自己的想法。」

「我不否認有供需不平衡的因素在裡面，但是我覺得投機者炒作的因素更多一些。」

「你的根據是？」

「如果果真的是因為供需不平衡，那麼油價和美元匯率沒有關係，會一直上漲，但是現在看來美元匯率和油價幾乎呈現出相反方向的變化：美元升值，油價下跌，美元貶值，油價上漲……這個就證明了有很多投機者往返於金融市場和實物市場之間。」

「我也這麼想，而且我還要補上一句：投機者主導的金融市場出現了過度反應，也就是過熱。石油是實物形態的商品，但是在金融市場上還以『期貨』的形式進行交易，某些石油的期貨交易甚至比實物交易還重要。期貨的特點，是比較關注於未來的預測和憂慮，而不是當下的供需關係，例如，那些還沒有浮出檯面的產油國政治問題、石油設施損壞、颱風等問題，都引起『擔憂』和『不安』，而這些擔憂和不安都會反映到將來的價值上。尤其是在最近，有很多沒有實際發生的事件，雖然對實際經濟的影響很小，但就因為它是新的不安因素，仍能掀起市場的不安心理；每到這個時候，市場就會過度反應，而市場的反應都會歸結到價格上升。如果對未來的擔憂，使得市場價格上漲了10%，那麼等這個擔憂或不安因素消除的時候，價格應該會回到以前的水準才對吧？但是價格卻下不去。現在的國際油價這個東西，易漲難跌，階段性上漲，這正是反映了投資者和市場的心理預期，認為國際油價會持續上漲。」

「但是……如果現在是油價泡沫，那麼什麼時候會開始下跌呢？像高盛這樣的機構還預測今年以內油價會突破200美元……要是最近這種氣氛一直持續的話，還真有可能到200美元呢。」

「到了過熱階段以後，主要是由投機者和非理性的心理來支配市場價格的。在這個階段預測頂點，似乎沒什麼意義？油價漲到120美元後再下跌也好，漲到150美元後再下跌也好，漲到200美元也好，不管怎麼樣，油價會根據市場不安心理的強度、產油國和石油進口國政府的政策而發生變化。不過至少有一點是可以確定的——過度的油價上漲是產油國都不願看到的——只有投機者才會樂意看到油價這樣無邊無際地上漲。」

「從產油國的立場來看，石油賣得越貴不是越好嗎？」

「不一定是那樣的。世界經濟能夠承受得住的價格上漲，確實是對產油國有利；但是油價過度上漲導致需求衝擊（Demand Shock）的話，問題就不一樣了。如果油價的上漲，最終造成世界經濟萎縮，無法消費高價石油的個人消費者　棄或減少石油消費的話，石油的銷售量就會下降；從產油國的立場上來看，這也是某種損失吧。再說，這種需求衝擊過後，一旦轉到供過於求的局面，油價會暴跌的。」

「崔哥的意思是，油價應該在某個水準上停止上漲，形成一個均衡價格？」

「這是肯定的吧。經濟絕不會只往一個方向發展的嘛。」

「那我們現在應該怎麼應對呢？」

「既然我們認為現在的石油價格高於適當水準，那麼現在就不應該投資石油或原物料相關商品。如果現在抑制不住自己的貪慾，貿然進入市場，很容易就會被套在裡面。上漲的時候那麼快，下跌的時候也很有可能很快，那些已經在投資石油相關產品的人，現在正是應該考慮賣出的時候吧；不過這些人會想著最大限度地享受價格過熱帶來的收益，所以會分批出售自己的資產。」

「不過有一點還是不太明白……一般來說，經濟狀況不好的時候利率會下降，物價上漲後利率也會上漲吧？那麼像最近這樣經濟狀況不好的時候卻因為油價上漲物價也跟著漲，這個時候應該怎麼預測呢？從理論上來看，適度利率是成長率和通膨率之和，那麼，成長率下跌的幅度（－）和物價上漲幅度（＋）的大小會影響適度利率吧？經濟收縮效果更大的話，利率就會下跌，物價上漲效果越大，利率就越要上漲？」

「基本上小金的看法是正確的。但是你還要考慮政府的政策，對吧？我們要看政府是把焦點對準在經濟成長呢還是物價上漲，這會直接影響政府的利率政策，市場利率也會跟著受到影響。經濟專家們考慮到油價上漲帶來的物價上漲幅度遠遠超過了能接受的範圍，市場中的漲價不安心理在迅速擴大，因此即使現在經濟成長率在下降，但是利率上漲的可能性也會更大一些，因為政府為了抑制物價上漲，只能加息。不過，一旦經濟情況變差，政府很有可能立刻進入減息階段。」

「那麼今年應該是不太好過了。本來經濟狀況就不好，還要加息……」

「對。今年到明年年初為止是經濟衰退期，而且物價和利率都在上漲，國民生活會比較難過一些。」

地鐵已經從地下軌道駛出來了，馬上就要到地面軌道了。

「三月份時還覺得貝爾斯登的事情解決得不錯，股市能恢復一下。崔哥您是怎麼看的？」

「最近次貸危機的不安心理改善了不少，但還是有很多不穩定因素。不是說真正的危機還沒有開始嗎？而且到了今年以後，國內的經濟先行指數已經進入下跌通道，那麼應該先賣掉手中的股票，靜觀其變等待機會吧？現在更重要的是風險管理，而不是追求收益率。」

「是啊。」

那天晚上，金曉陽又一次陷入了苦思。2000 點的時候都沒有賣掉，現在到 1700 點要賣，這不是虧大了嗎？實際上金曉陽也知道結論是什麼——投資原則一定要守住。

資金三年翻三倍不是夢想

二〇〇八年五月，股價超過 1850 點，金曉陽終於下定決心，贖回了基金，不過手中的股票先留著，打算再看一看。幾天後，存摺上匯進來的金額是 3 億韓元左右（稍差一些）。從二〇〇四年投資了 7000 萬韓元後，四年不到的時間內就收益了 2.1 億韓元；如果當時是放在定期存款的話，本金和利息加在一起都不會超過 9000

萬韓元，幸虧是在基金裡運作，現在已經翻了三倍。一時的選擇卻造成了這麼大的差異……過去四年間運作的定投基金也從5000萬韓元的本金漲到了8000萬韓元，現在要是把租屋保證金拿出來再貸一點些款，就可以馬上買一間三十多坪的房子了。

金曉陽把資金放在MMF（貨幣市場基金），開始到處看房子了。崔大友以前告訴過金曉陽：房子要女人挑才好，男人挑房子肯定挑不好。金曉陽決定遵照崔大友的建議，把挑房子的事情全權交給老婆來決定。男人在挑房子的時候往往只考慮上下班方便的交通條件，女人在挑房子的時候會把教育、購物、文化生活、公園、交通等各種因素綜合考慮進去，崔大友的話確實很有道理。

金曉陽在從姐夫家步行十分鐘路的範圍內，看了幾個住宅區，找了幾個滿意的，跟附近的房屋仲介打了招呼，說如果有急著出售的房子就通知一聲。金曉陽跟仲介機構說：「手續費絕不會虧待你們的，有好房子請一定要先通知我。」但是仲介的反應卻很冷淡，因為金曉陽提的價格比當時的房價水準低了10%左右，而且還堅持要朝南的房子，仲介都覺得這種房子不可能低價賣。

不過金曉陽卻沒有提高價格的打算，雖然房價在二〇〇七年跌過一陣後又在二〇〇八年開始恢復了，但金曉陽堅信房價會再次進入下跌階段；就像次貸危機導致了美國房產泡沫破滅一樣，韓國的房產泡沫也會破滅。因此金曉陽並不著急買房子。

在金融危機中，做一個受益者

二〇〇八年九月十五日，為期三天的中秋假期結束了。那天晚上，金曉陽在新聞上看到，美國最大的保險公司 AIG（美國國際集團）向美國政府拿了 850 億美元的救濟金；美國第四大投資銀行雷曼兄弟公司則申請了破產保護，美國政府拒絕對雷曼提供救濟，導致雷曼處於破產邊緣。市場一直以為美國政府會像三月份一樣，理所當然地救濟投資銀行，不過美國政府這一次的行動卻給市場造成了巨大的衝擊。

美國的大型投資銀行破產，使得世界上的所有銀行之間都互相不信任，這又導致了世界金融體系喪失了其金融職能，資金的流動出現了停頓；資金流動一旦停止，那些缺乏流動性的金融機構和企業立刻處於危險之中。雷曼倒閉兩週後，市場已經進入了事實上的恐慌狀態，全球股市全面暴跌，開發中國家的外匯危機論開始在市場蔓延。韓國也不例外。KOSPI在一個月內從1500點急跌到了900點附近，下跌了幾乎40%左右；匯率在外匯危機論的推動下，從1150韓元上漲到1500韓元，上漲了幾乎30%左右……所有人都無語了。

金曉陽很後悔當初沒有把股票也處理掉。當初還打算要把賣掉股票的錢拿來裝修新房子和買新家電的，但因為自己太貪婪了，忘記了投資原則，所以沒有在五月份的時候處理掉這些股票，造成可回收的金額從2500萬韓元縮水成了1500萬韓元。在這十年的投資生涯中，敗得這麼慘還是很少的，從IT泡沫以後這是第一次吧。

金曉陽很想打電話給崔大友商量對策，不過想了想，覺得崔大友面對這個狀況應也是束手無策吧？連美國FRB主席柏南克都沒有預想到美國的大型投資銀行也沒有躲過去……這樣的危機，誰能想得到呢？而且，崔大友的工作還是管理客戶的資金，現在應該正被客戶抱怨和抗議呢。

一想到這裡，金曉陽反而覺得自己應該打個電話給崔大友，好好慰問他一下。

崔大友的聲音聽起來很平靜，這讓金曉陽感到很意外；而且，不像大多數人對市場的絕望態度，崔大友貌似正在找一個新的機會！甚至，崔大友還反過來慰問金曉陽，問他是不是因為這次股災而感到很鬱悶。

「小金，如果你不是立刻要賣股票，現在這個情況對你是沒有多大意義的，收益和損失不會變成現實，現在只不過是帳面損失而已。我知道你現在應該很難過，不過更重要的是，當你在兩三年以後，或者在十年以後賣掉股票的時候，那個時候的價格多少才是重要的。是不是？」

「是啊。」

「還有，要是你相信這一次的危機能應付過去，那麼現在不是要出售，而是要考慮買進才對；現在股價多便宜呀，跟一年前比起來，簡直便宜了一半。」

「嗯，我看美國的黑色星期一也是一樣的。一九八七年十月十九日，美國股價在一天內暴跌了 22.6%，第二天美國各大報紙的頭條刊登了『Crash（崩盤）』；但是實際上股市沒有崩盤，而是從第二年開始再一次進入了上升通道，十年以後達到了 10000 點，幾乎是漲了五倍以上。」

「是啊，就是這樣，面對最近這樣的股市，就得有這種信心……不過應該是很難吧。人的心理很容易受到外部的影響。」

「一般的鐵石心腸還真不夠呢。」

「是啊。不過這一次的事件對小金來說更是好事吧?」

「好事?」

「你贖回基金的資金都在MMF吧?」

「是啊。」

「你看,小金你提前贖回基金,持有了現金。這一點本身就是你賺了,賺了你可能損失的那一部分。而且現在房地產市場處於冰點了吧?急著賣的房子都賣不出去,你現在正好有機會能低價買進房子了……」

「是的,崔哥,其實最近有好幾個電話打來,都是要給我介紹這種急著脫手的房產,比起先前的價格還真便宜了不少呢。不過我看現在房價下跌是很明顯的,所以我反而不著急。」

「這樣才對!盡可能要買得便宜一點。這麼看來,小金在股市蒙受的損失還遠沒有你在房價上節省的錢多呢。」

「這麼看來，我不是這次金融危機的受害者，而是獲益者了。呵呵！」

十月份一整月，韓國都因為短期外匯供給不足而經歷著痛苦，市場上還出現韓國國家破產論，不管韓國政府如何解釋、說明，在市場上基本沒有發揮任何作用，大家還是都只看到不好的一面，只願意聽負面新聞，正面的資訊被淹沒在負面資訊的汪洋大海之中。幸虧十月底的時候，韓國銀行和美國 FRB 簽訂了 300 億美元的貨幣互換協定，這才穩住了狀況。

感覺經濟有夠差？其實那不一定是真實情況

二〇〇九年……

進入二〇〇九年以後，金融危機的狀況沒有根本性的改善，加上又到了經濟衰退期，韓國經濟已經伸手不見五指了。金融體系無法正常運作，資金無法流動起來，導致實物經濟也受到了影響。金融危機的當事人——金融機構和主要的企業集團都把二〇〇九年的標語定為「生存」。尤其是全球同步衰退的窘境對韓國這個靠出口生存的國家來說更是一個莫大的危機，要是找不到其他出路，韓國的狀況可能會比已開發國家更為嚴峻。

市場也擔心著這一點，韓國的外匯危機論再一次開始膨脹起來，用貨幣交換協定暫時壓下來的匯率也開始再一次慢慢抬頭了。人們感受到的體驗景氣，已經到了不能再差的地步了。實物經濟很差、持有的資產價值下跌、對未來的不安，種種因素加劇了人們的不安心理。

二〇〇九年二月，金曉陽和崔大友在公園慢跑。他們兩個每年都參加三一節紀念馬拉松大賽，今年當然也準備參加。這段時間內，他們已經跑了六次全程賽道。早上簡單地跑過十公里後，做了簡單的放鬆體操，在地上坐了下來。

「最近怎麼樣啊？客戶們有好些嗎？」

「還沒……現在還是負面消息更多一些，他們也沒有辦法。」

「最近這段時間還真是很難聽到好消息呢。去年四季的經濟成長率是 -3.4%，而且很多機構預測這季的經濟成長率會更差，還有一些專家預測什麼二次危機，說經濟狀況好轉一些後會再一次探底……外匯危機論也很猖獗，前兩天還稍微好一點，這兩天匯率一過 1400 點，就又開始被討論起來了……你說現在這個狀況下，還有誰能保持鎮定？」

「是啊。」

「我決定把股票這個事忘掉一段時間。照這樣擔心下去，我早晚會神經衰弱。」

「有那麼嚴重嗎？」

「經濟衰退憂鬱症吧。我還擔心照這麼下去，公司又陷入危機，出現公司重組呢……不管怎麼樣，我們實際感覺到的體驗景氣實在是差得要命……」

「是的，實際上經濟狀況確實不好……不過我說呀，股市還是有可能會上漲呢。」

「現在經濟狀況差成這樣您還說股市可能會不錯？是因為股價先行與經濟變動的原理嗎？不過經濟衰退要是比預想中更長的話，股價探底的時間是不是要往後推一段時間呢？我覺得您好像是想得太樂觀了。」

金曉陽小心翼翼地抬頭看了看崔大友，發現崔大友的臉上一半是期待一半是喜悅。

「小金，你要記住，體驗景氣和理財景氣是不一樣的。體驗景氣好了股市不一

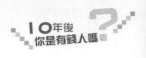

定就會好；體驗景氣不好的時候股市不一定是下跌的。」

「這又是什麼意思呢？理財景氣又是什麼呢？」

「一般來說，經濟指標分成指標景氣和體驗景氣。指標景氣主要是指政府發布的、用統計資料來表示的景氣指數；體驗景氣是一般人民實際感受到的經濟景氣。體驗景氣只是由國內需求來決定的，而指標景氣包含了內需和出口的因素，所以這兩者之間經常發生隔閡。假使內需很不好，但是出口還是很不錯，那麼這個時候，體驗經濟會很差，指標景氣會很好。不管怎麼樣，體驗景氣和指標景氣都是我國的所有經濟主體，也就是政府和所有的企業、所有的個人、海外部門的所有經濟活動的產物。至於剛才我說的理財景氣是我們投資的對象，也就是股市上市的優良企業的景氣，這些企業代表韓國的優良企業是那些最知名的企業，它們大部分的銷售額中，出口所占的比重都超過70%到80%，所以這些企業感受到的景氣和我們感覺到的體驗景氣會一樣嗎？對於這些企業來說，更重要的是海外市場和匯率，而不是我們感覺到的體驗景氣。」

「聽了您的說明後好像有些明白了，我們所說的體驗景氣是指『內需』，但是理財景氣可以說是『內需＋出口』吧？從這點上來說，我們感覺到的體驗景氣和理財景氣有可能不同。」

「我們考慮一下匯率上漲的情況。如果匯率上漲的話，進口商品的價格上漲，物價就會上漲，個人消費者感覺到的體驗景氣會很差吧？但是我們投資的出口企業會怎麼樣呢？因為匯率上升，所以它們的出口商品有了價格競爭力，出口會呈現出盛況，企業業績也會變好。這麼一來理財景氣不是會變好嗎？」

金曉陽默默地思考了崔大友的話。非常有道理。

「實際上很多投資者都不懂得區分體驗景氣和理財景氣，這是一個很大的錯誤。投資者不能用他感覺到的、或從新聞上看到的體驗景氣來作出投資決策，重要的是投資對象——企業所處的景氣環境，而不是投資者自身所感覺到的景氣。個人投資者經常失敗的原因就在這裡。」

「說起來，以前經濟狀況不好的時候股價還在上漲，我都還不知道怎麼回事呢。現在終於懂了，原來我一直沒有意識到體驗景氣和理財景氣之間的不同。」

「二〇〇四年的時候，我預測韓國的股價會突破1000點，進入大盤上漲的通道。

那個時候人們都說因為經濟景氣不好，所以股價不可能漲上去，甚至還有人還對我說：『IMF危機以後是最艱難的時候，你怎麼會覺得股價會上漲？』在那個時候，個人消費負成長、很多自營業者都關門歇業、租房子的房東們沒有按時拿到房租、創業的人都在虧損；只有房地產價格在上漲，小賺一點而已。不過後來怎麼了？雖然大家都在抱怨經濟狀況不好，但是股價還是一直在上漲。這是為什麼呢？就是因為體驗景氣和理財景氣之間的差異！國內經濟狀況不好的時候，我們投資的出口企業實現了驚人的成長，這些因素推動了股價指數上漲。事實上，出口業績在過去六年間連續以二位數的速度增長，考慮到我國的經濟成長率不到4%，這樣的成長可以說是驚人的，而這也代表這些企業的股價肯定會上漲吧？想要投資成功，就一定要分清楚感覺到的體驗景氣和用來賺錢的理財景氣。」

匯率漲一漲，江山搖一搖

「今年有什麼特別的理由會讓理財景氣變好嗎？像現在這樣世界經濟同時衰退的話，我們國家的出口好像也好不到哪裡去呀。」

「我們國家的出口是好是差，只要看看影響出口的各個因素就可以了。對出口影響最大的因素有哪些呢？」

「剛才崔哥說到了，是海外市場的景氣和匯率。是這樣嗎？」

「你也知道，現在海外經濟狀況不太好。大部分專家都預測：至少到今年下半年以後，全球經濟才能擺脫衰退，尤其已開發國家的經濟狀況會很不好。不過幸運的是，新興國家的市場正在快速崛起。」

「這還真是一點福音呢。我倒是知道我們國家的出口結構已經比較多樣化了，出口地區不僅有美國、歐盟、日本等已開發國家，還有中國、亞洲、中東、中南美等全世界各個國家和地區。很多人以為我們向已開發國家的出口占絕大多數，但實際上出口到已開發國家的只有全部出口額的 40% 左右，倒是出口到新興市場國家的占了 60% 左右，遠遠高於已開發國家的那一部分。尤其是中國和其他亞洲國家，是韓國的重要出口目標。」

「你說得很對。現在看來，我得拜你為師了，呵呵。」

「其實是我前兩天好好看了一則報紙新聞啦。實際上我以前也以為『美國打個噴嚏，韓國就得肺炎』。」

「嗯。我們雖然不能否定美國的影響力，但是不能過度強調它的影響。不管怎麼樣，世界經濟在今後一段時間內會繼續衰退，所以為了爭奪有限的市場份額，各國企業會開展激烈的競爭。」

「我覺得現在韓國企業的實力比以前強了很多，在國際市場上還有一席之地，造船、記憶體、半導體、LCD 等好幾種產業在世界上都能排在首位吧？」

「是啊，韓國企業的技術水準已經達到了能和已開發國家企業比肩的程度；不過話又說回來，雖然在出口競爭中，產品的品質或是技術很重要，但是在像現在這樣的經濟衰退期，價格競爭力更重要。經濟衰退、消費減少、市場萎縮的情況下，各個企業之間爭奪市場份額的競爭會白熱化，這個時候因為經濟衰退和物價上漲而感到壓力的消費者們最注重商品的市場價格。人都是這樣，經濟擴大、消費餘額多的時候，就會想買一些品質好的商品，貴一點也沒關係；但是到了經濟狀況不好的時候，荷包一直縮水的時候，就會更傾向於尋找便宜的商品。那我再問你，出口商品的價格競爭力是由什麼來決定的呢？」

「那當然是匯率了吧？當然，品質和生產成本也很重要，但是這些東西不能在短時間內改變。不過話又說回來了，現在的匯率水準會對今年的股市產生影響嗎？我看新聞報導似乎很擔心匯率水準上漲引起的國際收支惡化呢。」

「匯率上漲成為經濟負擔，這個角度是在匯率上漲造成的出口增加效果低於進口價格上漲的效應時才會正確……照我看，他們好像過低評估了匯率上漲帶來的出口增加效果。事實上去年金融危機以後，世界經濟開始衰退，很多人都擔憂企業業績惡化吧？但是結果怎麼樣？大部分出口企業仍是有超乎想像的好成績吧？這就是匯率的力量。你也知道去年秋天以後，韓元兌美元匯率上漲了 20% 以上，韓元對美元貶值，而中國、日本、歐盟等主要出口競爭國家的貨幣卻是對美元升值。」

「這個我知道，但是它的影響有那麼大嗎？」

「之前也說過了，像現在這樣的經濟衰退期，消費者的價格彈性會提高，因此匯率這個影響出口價格的因素是很重要的。我們的韓元匯率在上漲，而其他出口競爭國的匯率都在下跌，例如，日圓兌美元匯率在去年漲了 45% 以上，也就是說，我們國家的出口價格就相對降了那麼多。在國際市場上，中國、日本、歐盟的出口商品價格漲了，而韓國的出口商品價格跌了一半左右，你要是消費者的話你會買哪一個？」

「不過也不能因為這些就判斷我們國家的股市會上漲吧？世界經濟狀況還那麼不好呢。再說，匯率上漲10%，企業出口增加10%，能影響現在的股價嗎？最多是減緩股價的下跌速度而已吧？」

「你好像不太明白匯率的影響力，我舉個例子說明一下好了。我們假設，韓國的汽車公司在韓國國內賣小型車的價格是1000萬韓元，這其中，生產和銷售費用占了900萬韓元，利潤是100萬韓元。當韓元匯率是1000韓元／美元的時候，出口到美國的價格是1萬美元一輛車；那麼匯率上漲10%，也就是到了1100韓元／美元，一輛車的銷售額是1100萬韓元。這個時候汽車公司的收益會變成怎麼樣呢？韓元匯率在1000韓元／美元的時候，每輛車的銷售利潤是100萬韓元；匯率上漲到1100韓元／美元的時候，每輛車的銷售利潤是200萬韓元（1100萬韓元－900萬韓元＝200萬韓元），也就是漲了一倍。銷售額只增加了10%，但是利潤增加了100%。其他什麼也沒變，只是匯率上漲了10%就能讓這家汽車公司的利潤翻倍！

當然，剛才為了舉例說明，所以把匯率上漲引起的出口費用增加和原物料進口價格上漲等因素都給剔除了，但不管怎麼樣，你應該能明白匯率上漲的影響力了吧。」

「嗯……銷售額增加 10%，但是利潤增加了一倍。」

「然後我們回到股價。我們在判斷一家公司的股票時，最重要的是看這家公司的利潤水準。所以當他利潤增加一倍的時候，股價是不是也能上升相應的幅度呢？」

「是啊，但是考慮到最近的匯率上漲是因為金融危機的衝擊引起的，那麼我們是不是可以認為匯率早晚要回到原來的水準呢？匯率上漲導致的利潤是不是難以長久呢？」

「是嗎？真的會是那樣的嗎？我們還有一點要注意，那就是現在經濟形勢非常嚴峻，連那些世界領頭企業也都把『生存』當作目標，事實上，那些不具備價格競爭力的企業有很大一部分會消失掉的。」

「現在的狀況有那麼嚴重嗎？」

「現在是『銷售即生存』的時代！經濟正常的時候，即使銷售額下降了一點，也能通過外部的借款來渡過難關；但在現在金融危機的狀況下，金融機構的貸款幾乎是停滯的。當企業無法從外部借來資金，那麼就只有通過銷售產品來獲得資金了，如果做不到這一點，那就註定要面臨破產。」

「真是恐怖呀……」

生存下來就是勝利

金曉陽想起了三年前韓國電子公司倒閉時的情景，那個時候失業在家三個月實在難熬，現在想來也讓人心寒。

「這就是現實。最近，大型投資銀行和主要的企業急著搞企業合併，或者是把某些部門給賣掉，主要理由就是一個——生存下來。不管怎麼樣，生存下來之後才有機會東山再起……要在現在這個狀況下生存下來，只能藉由銷售產品，而要銷售更多的產品，就需要具備價格競爭力。也就是說，在全球市場上進行價格競爭的時候，匯率是絕對的武器。」

「您的意思就是說，從這個角度出發，我國的企業能從匯率上漲受到很多恩惠，是嗎？」

「是啊，然後那些從這次危機存活下來的企業會開一個屬於勝利者的大派對。」

「屬於勝利者的大派對？」

「在這次危機中，有些企業會被吞併掉，或者直接倒閉，還有一部分企業會生存下來。接著，由於經濟衰退和消費減少都不會永遠都持續下去的，早晚有一天會再次回到經濟成長的軌道上去，所以那些在這次危機中活下來的企業，就能去占有那些消失企業原有的市場份額；也就是說，只要能在危機中存活下來，就有機會能大舉的占領市場份額。」

「是啊，這麼說來，我前兩天還看到一則新聞，說最近我們國家出口企業的海外市場占有率在穩步攀升。」

「這就是匯率上漲的第二個效果。在短期內提高利潤是第一個效果，這個是第二個效果：淘汰競爭企業，將它們作為長期成長的墊腳石。」

「聽崔哥一席話勝讀十年書呀，原來我們感覺到的體驗景氣和投資對象企業的理財景氣真的完全不一樣呢。雖然體驗景氣是最差的時期，但是因為匯率效應，理財景氣反而更好，股價也會跟著上升……」

「不過要注意一點。匯率上漲引發的股價上漲，會產生一個值得思考的點，那就是國際收支的問題。匯率上漲雖然會帶來經常收支順差，但是像去年九月至十二月一樣，外國投資者的大規模 售股票和美元流出會引發資本收支逆差，最後導致國際收支逆差，這個時候我們很難期待股價上漲。如果說匯率對於企業利潤是重要的指標，那麼國際收支對於市場流動性和投資需求也是非常重要的。國際收支逆差意味著流進我們國家的錢少於從我們國家流到海外的錢，這就意味著國內流動性的減少，雖然過剩的流動性會帶來資產價格的泡沫，但是流動性枯竭則會帶來資產價格的下跌；也就是說，雖說不用刻意追求國際收支順差，但是如果連續出現國際收支的大規模逆差，那麼股價就不能真正上漲。」

「也就是說，如果沒有出現外國投資者的大規模攻擊性 售，那麼今年的股價應該會上漲囉？」

「應該是這樣吧，令人期待呢。聊了這麼久，我們再跑跑吧？」

崔大友拍拍屁股站了起來。

金曉陽感覺自己心情放鬆了很多。到現在為止的直接投資經驗告訴了他一個真理——危機其實正是機會。當人們恐懼、害怕的時候，機會就在那裡，跟別人走不同的路才能獲得財富。

三十二坪的公寓，我們的新家

三個月後，金曉陽終於在房屋買賣合約上簽了字。

為了尋找最佳時機，等了一陣，結果房價從最低點上漲了 10% 左右，不過跟二〇〇六年年末的高點比起來，幾乎便宜了 30% 左右，也比金曉陽自己預想的價格低了一大截，這麼一來，貸款金額也少了不少，減輕了利息負擔。

金曉陽購入的公寓是他們一直想要的朝南的房子，從屋裡往外看的時候，有很好的景色，而且以前的房客收拾得很乾淨，要裝修的部分也不多，雖然不是頂樓的二十二層讓人有點不滿意，不過二十層的陽光也很明亮了，還有什麼好抱怨的呢？孩子們都很喜歡新房子，看來他們的呼吸道疾病也會好轉了。

還有兩個月，我們就有新家了。

你不可不知的理財祕密

市場上的錢多了，就會引起對股票、房地產、原物料等資產的需求增加，從而抬高這些資產的價格。因此，市場的流動性狀況對投資是很重要的。

日圓套息交易把日本企業用出口賺來的資金再流到海外去，為日圓價值保持低價作出了貢獻，日圓貶值讓日本企業的出口刷新了歷史紀錄。而韓國政府為了降低韓元的價值，也在二〇〇六年緩解了海外房地產投資管制，並在二〇〇七年推行了海外基金收入免稅措施，這都是為了讓韓國國內的資金流到國外去，讓韓元貶值。

日圓套息交易如果收縮，那麼會對韓國國內的股價帶來一時性的衝擊；但是日圓升值和韓元相對貶值效果會讓韓國企業的出口商品增加價格競爭力，因此出口會增加，企業業績會改善。

經濟絕不會只往一個方向發展，經濟發展中會反覆地出現擴張和收縮的循環。因此，當經濟只往一個方向發展的時候，尤其是正在發生價格過度上漲的時候，一定要小心其後遺症。

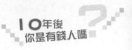

★ 金融市場的反應速度比實物市場更快，且不穩定。影響金融市場的因素中更重要的是投資者對市場變化的「預測」、「期待」、「擔憂」，這些心裡因素的影響力高於實際發生的市場『變化』，而且，容易出現過度反應、被市場氣氛影響的現象。

★ 理財景氣是指那些在股市上市的優良企業（主要是大型出口企業）所處環境的景氣，這些企業所處的環境和我們說的體驗景氣是不一樣的；體驗景氣主要是指內需的景氣，但是對於出口企業來說，海外市場和匯率更為重要。也就是因為這個原因，才會使得成長率很低的現在，股價仍是持續上漲。

★ 當出口企業的利潤率為 10% 時，匯率上漲 10%，那麼利潤的上漲幅度會遠高於 10%，也會反映在股價的上漲上。

第七章

CHATPER 7

經歷過困難，才能獲得一生都受用的寶貴財富

家人與親情是伴隨一生的財富。

讀完這一本書，對經濟局勢有了更深一層的認識，這一次躍升將全然改變你的投資視角，跟隨經濟規律，跟隨資金的流向，輕鬆順應趨勢，獲得財富。而陪伴著你走過人生低潮的家人史昰值得一生珍惜的寶貴財富。

金曉陽終於搬進了新的公寓。

整理好行李後，他回顧了一下自己的投資過程，在他碰到崔大友以後，對投資的視角發生了巨大的變化，告別了那段只知道漲停股的歲月。他現在懂得觀察經濟的動向，會將其他經濟指標之間的關係做一個聯繫，已經不再只是追尋單支的股票，而是尋找買賣的時機。金曉陽拿出了日記本，寫了一封給自己的希望之信。

二〇〇九年……

搬家從星期天開始，搬了三天。星期五先在舊家打包好行李，然後把這些行李先放在保管處，禮拜六主要是去新的房子整修一下，再重新粉刷一下牆面什麼的。搬家確實需要很多準備工作。

付完房屋買賣餘款，拿到鑰匙的瞬間，老婆的手輕輕抖了一下。

空蕩蕩的新房子，只剩下亂七八糟的腳印和被弄髒了的壁紙，還有家具下面長年累積的灰塵，可以說是一片狼藉。但即使是這樣，金曉陽仍然覺得這個空間很可愛、很親切。從下午到晚上，金曉陽修理了廚房的水管、刷了牆、鋪了地板，雖然忙了一下午卻不感覺累。看著原本亂七八糟的屋子一點一點地變成溫馨的空間，自己都覺得非常神奇。

星期天早上開始搬行李的時候，還覺得有點兒空蕩蕩的，到了下午，他們訂購的家電產品開始陸陸續續地送貨到家，安置在各自的位置上，開始有了家的味道。以前是全家人一起用一張桌子，現在給小草和小芽各配了一張桌子。兩個孩子整個下午都忙著往書架上擺書。

吃過晚飯已經超過十點，整整一天都不知疲倦的孩子們，現在也睡著了，應該是很累了吧。新的床上，孩子們在熟睡。金曉陽呢？這三天都在忙著搬家，身體很疲倦，感覺像是背著好幾十斤的重物一樣。不過心情依然是輕快的。

老婆正在廚房準備茶水，金曉陽環顧了一下房子。

從昨天開始一直開著窗戶透氣，但牆上的油漆味還是很濃。也好，終於搬家了……孩子們每天能在早晨迎著明亮的陽光，老婆有了寬大的廚房，自己也有了一間書房。

金曉陽走進書房，坐在書桌前，能聞到一點點霉味。這些今天拿出來擺在書架上的書，以前都是放在箱子裡的。剛結婚時的那些，都是小說和炒股的書籍，而現在基本上都是些經濟、經營相關的書籍，還有未來學的書。這都是碰見崔大友以後發生的變化。

與崔大友相遇七年，這段時間，金曉陽真的有了很多變化。他從一個不懂事的投資者，現在已經變成了成熟的投資人，甚至還能給周圍的人提供一些建議。雖然現在還是經常到崔大友那邊去取經，但現在更多的是兩個人的交流，而不像以前那樣是單方面的授課。

回想起來，以前剛開始玩股票的時候執著於那些飆漲股、漲停股是多麼愚蠢的事情。那時候還不知道，市場中總是有個暗流，經濟是好是壞、股價是漲是跌，都是循環和反覆的過程、規律。投資就像是流水一樣，要自然地追隨水的流向，而不能像他剛開始那樣，只會使用一種武器——漲停股。到處尋找漲停股去反抗下跌的大盤，弄得全身都是傷，等到大盤真正上漲的時候，卻已經沒有再跟上去的能力，現在想來不禁有些可笑。那些天生的投資天才們，或許能在大盤下跌的時候獲得利益，但是一般人在大盤下跌的時候能保持收益其實就已經很難能可貴了。

一般人想在市場中存活下來，應該是勝率高的時候擴大投資，勝率低的時候減少投資，以這樣的方式澈底管理風險，隨著市場的流向，提高成功的機率。所以，對於一般人來說，看清市場流向遠比挑選漲停股更重要。而理解經濟就是看清市場流向。

當然，金曉陽明白，要做到這一點並不是那麼容易的，一開始對經濟的重要性沒有明確的認知，找好股票和觀察經濟這兩件事一起做反而亂了手腳，即使發現經濟和金融指標發生了變化，也不知道這些變化會怎麼影響自己的投資。碰見崔大友之後的兩年內，他一開始還是比較重視找對股票而不是看懂經濟；不過還好，金曉陽一直堅持收看財經新聞報導和學習經濟知識，隨著時間的累積，他對景氣、利率、匯率、物價等經濟金融指標開始漸漸熟悉，看經濟新聞的時候還會覺得越來越有意思，慢慢地，對經濟問題開了竅，能把市場走勢看在眼裡了。

這麼一來，首先得到改善的是金曉陽的投資憂鬱症。他現在能平淡的接受反覆漲跌的市場，戰勝自己心中對股價下跌的恐懼，明白股價下跌其實是能低價抄底的好機會，甚至還會為此有些莫名的興奮。這是以前的金曉陽絕對不可能感受到的心情，這真是一個非常大的變化。

直到二〇〇四年以前，金曉陽還一直十分依賴崔大友的建議，那個時候還不敢根據自己的判斷去投資。不過到了後來，在二〇〇四年股價指數在 700 點左右的時候，二〇〇六年股價指數跌到 1200 點的時候，二〇〇八年股價指數跌到 900 點的時候，金曉陽都準確地判斷出股價低點，當別人都在忙著出售手中股票的時候，金曉陽卻能抓住機會低價收購。

二〇〇五年，股價突破了 1000 點——跟他們預想的一樣！金曉陽在崔大友的幫助下，對大盤上漲有了信心，這下子金曉陽對金融、經濟指標的熱情就更大了。以前是只看財經新聞，從這個時候開始，他甚至還看經濟研究所的各種報告和快報，透過這些資料，金曉陽接觸到了解釋、分析經濟的各種技巧和簡介，開始注意起市場的微小變化；雖然還不夠成熟，但經濟的框架已逐漸在金曉陽的腦中形成，現在他能熟練地根據經濟和金融指標的變化，把這些知識運用在市場投資當中。金曉陽越來越希望自己能趕在別人前面發現市場的變化，那些從網路上和報紙上看到的研究報告，已經不能滿足金曉陽的需求了。

從這個時候開始，金曉陽開始研讀統計廳的國家統計報表、韓國銀行的經濟統計系統、證券期貨交易所等網站下載的資料，在自己的 Excel 文件中建立起資料庫，把各種的統計資料進行整合、分析，努力抓住市場的每一個微小變化，試圖找出其中隱藏的意義和發揮的影響。通過這樣的過程，金曉陽對經濟的理解能力迅速提高，一點一點地有了自己的觀點，最後找到了只屬於金曉陽自己的規律，有時候還能想到新聞和報紙上沒有說到的觀點呢。

除此之外，根據「歷史是不斷反覆循環」的這一真理，金曉陽閱讀了很多投資歷史書和投資偉人的人物傳記，累積了間接經驗；同時也刻苦研讀了經濟、經營、未來學相關的書籍，為了看清、看遠市場而不斷努力。隨著經驗的累積，他明白了資需要長期性的視角，也發現了一個道理：不停漲跌的市場其實正是起因於人們的恐懼和貪婪。

在這樣的成長過程中，苦難也一直伴隨著他。有時候分析經濟金融指標時會出現錯誤，這讓他感到很困惑；更多的時候，是他與時間和誘惑的奮鬥——「趕快買房子，這個目標就是他投資的目標，所以當看到飆漲的股票時，還是會想要上去賺一把，要戰勝這個誘惑實在很不容易，尤其在股價平穩、沒有變動的時候，看見其他股票在上漲，難免會想先追漲一個看看。雖然說，他也因此真的錯過了好幾次飆漲股的機會，錯過了一步登天、迅速達成夢想的機會，但轉念一想，他其實也有可能會因此全賠進去，套牢在裡面。這些都是金曉陽長時間苦惱過後決定　棄的機會，所以現在也一點都不後悔。

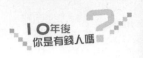

大概是去年吧。金曉陽在電視專訪中看到對巴菲特的採訪，巴菲特說的話讓他很受用，內容大概是這樣的：「我能成為富豪不是因為我抓住了絕佳的投資機會，而是因為我能放棄投資機會。再好的機會，如果沒有成功的信心，就不去碰它。所以才有了今天的我。」這句話和巴菲特的投資規則一脈相通，巴菲特的投資規則有兩個：第一，絕不要輸錢；第二，絕不要違反第一條。想要成為富翁，不是一下子賺大錢，而是通過澈底管理自己來做到不輸錢；也就是說管理風險的重要性遠遠超過了追求收益的重要性。從這一點上來看，金曉陽　棄了「高風險-高回報」的投資方式（追漲停股），是一個聰明的判斷。即使贏了五次，只要輸了一次就會澈底失敗，這就是追趕漲停股的投資方式。

再說了，自己至今為止累積下來的經濟金融知識和經驗，到了退休以後、甚至是到死為止，都能一直能陪伴著自己，追逐飆漲股的一時性利益又哪能和這個寶貴的財產相比呢？

金曉陽坐在桌前，打開了第二個抽屜，拿出了二〇〇九年的日記本。像今天這麼開心的日子，一定要留下一段記錄作為紀念。金曉陽拿起筆猶豫了一下子，開始給自己寫信：

曉陽，恭喜你，真的真的恭喜你。還有，我為你感到自豪。八年了，終於再買了一間房子，這是一個壯舉，你做得真好，真的很好。剛開始的時候還不知道你要走幾年，五年，十年，甚至可能永遠無法實現。那個時候還覺得這段歷程將會多麼漫長……現在看來，其實也不是那麼長，對吧？過去的八年，其實也不只是為了賺錢拚死拚活的過日子，絕對不是。

當然也感到過累，但是撫養孩子的時候不也忘掉時間的逝去了嗎？如果只想著錢，只想著買房子，那麼這段時間真的很漫長。但是一想到孩子們，你不覺得這段時間過得太快了嗎？小草和小芽的小時候，還有很多寶貴的回憶，過去的八年，更多的是我們家人在一起的寶貴時間。

曉陽，雖然你的表現很好，但是我也知道這過去的八年有多麼辛苦。有時候會自己責怪自己，還流了眼淚……但從現在起，忘掉過去的辛酸，好好面向未來吧。事實上，因為這些困難，卻因此讓你你獲得了一生都受用不盡的寶貴財產，不是嗎？過去的八年，真的活得很充實。

困難中不慌亂，一步一步默默地走過來，你的腳步很讓我感到自豪呢。煩心事有很多，問題也有很多，但，你做得很好；像現在這樣努力活下去，將來就沒有什麼做不到的事。

來，曉陽，現在又有新的未來在等待著我們。金曉陽，加油！

金曉陽聽見了門外老婆叫他的聲音。

把日記本放進抽屜後，他從房間走了出來，敞開的窗外，吹進五月清新的微風。

十年後你是有錢人嗎？

作者	崔秉熙
譯者	張 虎
發行人	林敬彬
主編	楊安瑜
責任編輯	陳亮均
編輯	黃谷光
內頁編排	張慧敏（艾草創意設計有限公司）
封面設計、插畫	陳韻帆（好韻創意設計）
出版	大都會文化事業有限公司
發行	大都會文化事業有限公司 11051 台北市信義區基隆路一段 432 號 4 樓之 9 讀者服務專線：(02) 27235216・ 讀者服務傳真：(02) 27235220 電子郵件信箱：metro@ms21.hinet.net 網　　址：www.metrobook.com.tw
郵政劃撥	14050529 大都會文化事業有限公司
出版日期	2013 年 8 月初版一刷
定價	280 元
ISBN	978-986-6152-82-5
書號	Success065

國家圖書館出版品預行編目 (CIP) 資料

十年後你是有錢人嗎？ / 崔秉熙 著 , 張虎 譯
-- 初版 . -- 臺北市 : 大都會文化 , 2013.08
320 面 ; 21×14.8 公分 . -- (Success065)
ISBN 978-986-6152-82-5 (平裝)
1. 投資 2. 理財

563　　　　102011220

大都會文化 大都會文化 METROPOLITAN CULTURE

大都會文化
METROPOLITAN CULTURE